Nassim El Kabli

Le « vrai » métier des philosophes

Préface de Francis Wolff

Fayard/France Culture

Cet ouvrage est issu des chroniques
de Nassim El Kabli diffusées
sur France Culture à l'été 2023.

Couverture : Le Petit Atelier.
ISBN : 978-2-213-72745-5
Dépôt légal : juin 2024.

Préface

« Philosophe ? Ah ! Et à part ça, qu'est-ce que vous faites dans la vie ? »

C'est vrai : on ne vit pas d'amour et de sagesse ; et encore moins d'amour de la sagesse. Pour être philosophe, on n'en est pas moins homme : il faut donc bien gagner sa vie, quitte à philosopher aux corneilles à ses heures perdues. Travailler, quoi. Car la philosophie n'est pas *un métier.*

Pourtant, il faut bien *du métier* pour être philosophe. Philosopher, ce n'est pas (seulement), le coude sur le genou, rentrer en soi-même avec componction pour y puiser des idées ! Il en va ici comme des arts. D'un grand artiste, dont on n'apprécie pas forcément les œuvres, on pourra quand même admirer « le métier », l'art de marier les teintes ou de rendre un drapé, d'harmoniser une ligne mélodique ou de développer une suite d'accords. Tous les enfants dessinent des bonshommes et tapotent en rythme sur une boîte de conserve, c'est l'art avec un petit *a*. Mais rares sont ceux qui deviennent des artistes avec un grand *A*. Il leur aura fallu acquérir le métier. De même en philosophie. Tous les enfants posent des questions sans fin, des *qu'est-ce que ?* et des *pourquoi ?*, naïfs ou profonds. Mais il s'en faut de beaucoup que ce questionnement avec un petit *phi* devienne une interrogation de philosophe avec un grand *Phi*. Il y faut quelque originalité, un amour immodéré de la vérité et, là encore, beaucoup de métier. Le métier, c'est ici un autre nom de l'art de penser, c'est-à-dire de s'orienter dans la pensée des autres pour y trouver la sienne, mais aussi de questionner, de concevoir, d'argumenter, de voir où ça ne colle pas et parfois de chercher à ce que ça colle quand même. Ça, c'est la part inévitable du métier. Mais cela ne fait pas de la philosophie un métier, pas même une profession. Quel est donc le *vrai métier* des philosophes, celui qui les fait manger et vivre ?

Cette question, on ne se la pose guère : c'est qu'aujourd'hui le philosophe est souvent « professeur de philosophie » ou, comme on dit des universitaires, « enseignant-chercheur ». C'est un homme ou une femme qui, après de longues études, enseigne dans des amphithéâtres, dirige des thèses, organise des colloques ou des séminaires, siège dans des jurys, publie des articles dans des revues spécialisées et quelquefois des livres. Et il en va ainsi de la plupart des philosophes depuis Kant, le premier à donner des cours réguliers à l'université, en l'occurrence celle de Königsberg – aujourd'hui Kaliningrad. D'ailleurs, pour en vivre, Kant enseignait aussi bien les mathématiques et la physique que la logique et la morale. Il donnait même des cours de géographie, d'architecture militaire ou de pyrotechnie. Et il est vrai que de nombreuses œuvres de « grands philosophes » sont des notes de professeur en vue de cours, d'Aristote à Hegel, de Husserl à Foucault. Pourtant, les philosophes ne sont quand même pas tous des fonctionnaires. Ni aujourd'hui ni évidemment jadis.

C'est ce que montre Nassim El Kabli. Des « vrais » métiers exercés par des philosophes, célèbres ou méconnus, hommes et femmes, il en dénombre des dizaines. Certains n'étonnent guère, car ils sont en accord avec l'idée qu'on se fait d'un philosophe professionnel : on y trouve des métiers relevant des sciences (anatomiste ou mathématicienne), des arts de la parole (avocat, magistrat, diplomate) ou de la communication (journaliste, bibliothécaire, prêtre). D'autres sont plus inattendus (pianiste de jazz ou empereur), voire carrément incongrus parce qu'ils font appel à la force des jambes (cycliste) ou à l'intelligence des mains : réparateur de motos, ouvrière, copiste de musique ou polisseur de lentilles – c'est le cas de Spinoza qui préféra conserver cet humble métier plutôt qu'occuper la chaire qu'on lui offrit en 1673 à l'université de Heidelberg, celle-là même qu'occupera plus tard (1816) Hegel, avec emphase et sans ses scrupules. On compte même dans la liste un esclave (Épictète), qui était stoïcien à l'instar de l'empereur Marc Aurèle – ce qui montre l'universalité du message du stoïcisme ancien. Peu de philosophies, à l'exception de l'épicurisme, pourraient en dire autant.

Au-delà de toutes ces existences singulières examinées par Nassim El Kabli dans ce livre original et passionnant, il y a aussi des cas où nous ne savons pas de quoi ces gens vivaient, sans doute de leurs rentes ou du travail des autres. Après tout, l'idée qu'il faut travailler pour vivre, que c'est à la fois une nécessité sociale et un devoir moral, est une idée étrangère à la plupart des penseurs de l'Antiquité et plus généralement à tous ces oisifs à qui nous devons tant d'œuvres de notre patrimoine littéraire ou scientifique. La philosophie fut longtemps un luxe avant d'être en livres de poche.

Un exemple de ce mystère : de quoi vivait le premier philosophe, Socrate, lui le va-nu-pieds ? Peut-être était-il entretenu par ses nombreux admirateurs, fils d'aristocrates fortunés. Peut-être avait-il d'abord embrassé le métier de son père, tailleur de pierres – ou sculpteur (la différence était alors mince). Si c'est le cas, on pourrait, comme le fait Nassim pour chaque philosophe, « tirer jusqu'au bout le fil du paradoxe » et s'efforcer de dégager les liens secrets entre la philosophie de Socrate et son vrai métier. On dirait quelque chose comme : de même que le tailleur de pierres s'efforce de donner une découpe géométrique et une forme rationnelle à un matériau brut à force de coups de marteau, de massette et de pointes de plus en plus affûtées, de même Socrate taille dans les opinions grossières et brutes de ses interlocuteurs successivement réfutées jusqu'à ce que leurs réponses acquièrent une forme rationnelle. Et de même que le sculpteur ne fait que mettre au jour une figure qui était déjà dans la matière, le dialecticien ne fait que révéler un savoir qui était déjà dans l'esprit de ses interlocuteurs. Socrate n'aurait donc pas seulement exercé sur les âmes le métier d'accoucheuse que sa mère Phainarète pratiquait sur les corps, il se serait adonné sur les esprits au métier que son père Sophronisque pratiquait sur la matière.

Ce quarante et unième exemple d'un « vrai » métier de philosophe pourrait-il être ajouté à la liste ci-dessous ? Peut-être, et d'autres aussi sans doute, que le lecteur pourrait s'amuser à y adjoindre. Quoi qu'il en soit, il faut savoir gré à l'auteur de ces pages de nous avoir ouvert les yeux sur une question si aveuglante, qu'on s'aperçoit avec étonnement ne se l'être jamais posée. Il en va ainsi des philosophes comme de tous les « grands hommes » : on oublie qu'ils étaient souvent des femmes et qu'ils ne vivaient pas que d'Idées. Il fallait la gravité et l'humour de Nassim El Kabli, il fallait son talent d'écriture et sa patience de chercheur, il fallait en deux mots son métier de philosophe pour oser formuler la question et savoir y répondre.

Francis Wolff

Avant-propos

Ce livre est issu d'une série de quarante chroniques diffusées dans « Les Matins d'été » sur France Culture en juillet et août 2023. Pourquoi quarante ? Ce nombre est le produit mathématique de cinq par huit, cinq chroniques hebdomadaires durant huit semaines. Mais, le hasard fait ici bien les choses, quarante est aussi un nombre doté d'une certaine force rhétorique : que l'on songe au roman *Les Quarante Jours du Musa Dagh* de Franz Werfel, au récit « Ali Baba et les quarante voleurs » dans les *Mille et Une Nuits*, ou au conte philosophique « L'Homme aux quarante écus » de Voltaire.

Ces chroniques ne sont pas des contes, mais l'ordre dans lequel elles sont présentées n'obéit qu'à la fantaisie et à la variété. Libre au lecteur de les lire dans l'ordre qui lui plaît. J'ai souhaité que ces chroniques conservent leur aspect oral. Chacune d'entre elles est suivie d'une très courte bibliographie de trois ou quatre titres, pour celles et ceux qui souhaiteraient tirer plus loin le fil de la réflexion.

Que soient vivement remerciés Emelie de Jong et Florian Delorme, qui m'ont confié ces chroniques quotidiennes et ont appuyé le projet de leur publication ; Cécile Bidault, qui a accompagné la conception et la réalisation de ces chroniques avec élégance et générosité ; Juliette Delannoye, à qui je dois tant et dont l'expérience radiophonique m'a été si précieuse ; Géraldine Muhlmann pour son soutien et ses conseils ; Emmanuelle Baumgartner, Olivier Helle, Florent Latrive et Elisabeth Miro qui m'ont accompagné de leurs oreilles expertes ; Joséphine Betzer avec qui j'ai eu tant de plaisir à collaborer ; Guillaume Erner, Quentin Lafay et Julie Gacon, responsables des « matinales », et mes interlocuteurs à l'antenne. Je remercie également Anne-Julie Bémont, des éditions Radio France, Isabelle Saporta, présidente des éditions Fayard, Thomas Vonderscher, Léa Souquet-Basiège et Francis Wolff, qui a accompagné tout du long la publication de cet ouvrage et grâce à qui ce livre a pu voir le jour.

Parmi les amis qui m'ont suggéré des idées ou des corrections, que ce soit pour les chroniques diffusées sur France Culture ou pour le livre qui en est issu, je remercie tout particulièrement Bruno Nassim Aboudrar, Julie Gacon, Quentin Lafay, Catherine Larrère, Stéphane Marchand, Adrienne Petit et Bernard Sève.

Merci enfin aux auditrices et auditeurs, qui m'ont parfois témoigné un intérêt et une attention qui m'ont beaucoup touché.

Introduction

Les « vrais » métiers des philosophes ? Les philosophes auraient donc de faux métiers, ou pas de métier du tout ? La philosophie ne serait-elle pas un métier ?

Comme le rappelle ci-dessus Francis Wolff, nous avons aujourd'hui tendance à identifier « philosophe » et « professeur de philosophie ». Mais si enseigner la philosophie est assurément un métier, et des plus exigeants, philosopher n'est pas un métier. Ce peut être une occupation, un loisir, une exigence, une passion, mais ce n'est pas en soi un métier, c'est-à-dire un travail socialement reconnu, pratiqué pendant une durée suffisamment longue, et procurant des moyens concrets d'existence (une rémunération, une rente, un salaire, des bénéfices). Si, depuis le XIXe siècle, beaucoup de philosophes sont professeurs de philosophie, il n'en a pas toujours été ainsi. Ni Spinoza, ni Hume, ni Nietzsche, ni Marc Aurèle n'ont enseigné la philosophie (si ce n'est, de façon indirecte, par les livres qu'ils nous ont laissés). Or, il faut d'abord vivre, ensuite seulement philosopher, dit le proverbe. *Primum vivere, deinde philosophari.*

Philosopher serait un luxe qu'il ne serait pas donné à tout le monde de pouvoir s'offrir. L'activité philosophique ne requiert-elle pas d'être libérée des contraintes matérielles qui pèsent sur nos vies humaines ? Tout semble opposer la philosophie et le travail. Travailler, c'est mettre son intelligence au service de la production d'un bien ou d'un service, là où philosopher se définirait comme l'exercice libre et réfléchi de son propre jugement. Le travail, avec son lot d'exigences techniques et sociales, impose son rythme et sa cadence au travailleur ; il vise l'efficacité et le rendement. En revanche, faire de la philosophie, c'est se soustraire à cette logique économique pour s'adonner à la réflexion et à l'étude, loin de toute injonction et de toute organisation sociale du temps. À la différence des ouvriers à l'usine, les philosophes ne « pointent » pas et leur activité philosophique n'est pas structurée en 3/8.

Pourtant, certains des plus illustres philosophes antiques pratiquèrent une activité que l'on peut appeler « métier » ou « profession » : Sénèque fut précepteur puis ministre de l'empereur Néron, Cicéron avocat, Marc Aurèle empereur, Plutarque prêtre d'Apollon à Delphes. Aux siècles suivants, les exemples sont encore plus nombreux et seront détaillés dans les pages qui suivent. En fait, la notion de « métier » est suffisamment souple pour recouvrir les différents types d'activités exercées par les philosophes cités. Nous identifions spontanément certaines d'entre elles comme des métiers, même s'ils ont disparu de nos sociétés (polisseur de lunettes, copiste de musique, télégraphiste) ; d'autres sont des métiers d'aujourd'hui (avocat, juge, ouvrière, réparateur de motos, musicienne, éditrice, entrepreneur, physicienne, journaliste, historien, bibliothécaire, économiste, diplomate, critique d'art, ethnologue, sociologue) ; d'autres, sans être des métiers à proprement parler, sont des activités prenantes et socialement reconnues (maire, responsable politique, cycliste de compétition, abbesse, prêtre) ; certains des métiers pratiqués par des philosophes nous paraissent fort exotiques (conducteur de seigneur, fermier général) ; d'autres activités, enfin, sont à la limite de ce qu'on peut appeler « métier », et nous rencontrerons aussi un rentier, un ex-braqueur de banque, un faux-monnayeur, une princesse. Car les philosophes exerçant un métier, en parallèle à leur travail de philosophe, ne sont pas exclusivement des hommes, il s'en faut de beaucoup.

« En parallèle à leur travail de philosophe » : c'est une des questions posées dans ce livre. Ces métiers si divers exercés par ces philosophes, hommes ou femmes, quels rapports ont-ils avec la pensée de celles et ceux qui les exercent ? Les métiers des philosophes ne sont-ils que des gagne-pain (tout le monde n'est pas rentier, et il faut bien vivre) ? Ou bien ont-ils, avec la philosophie de celle ou celui qui l'exerce, un rapport d'analogie, de causalité, voire de contradiction ? Tous les cas sont représentés, et l'ambition de ces chroniques est de mettre en lumière les lignes de tension et les lignes de porosité entre le « travail intellectuel » (l'expression est lâchée !) et le travail extra-philosophique des penseurs et penseuses si divers que nous avons choisis.

Porter attention aux métiers que les philosophes ont exercés, en dehors ou à côté de leur activité intellectuelle, n'a donc pas seulement un intérêt biographique. Ces différents métiers portent en eux-mêmes une dimension philosophique ; ils nous éclairent, quoique de manière paradoxale parfois, sur la philosophie même de ces auteurs et autrices.

Tirons jusqu'au bout le fil du paradoxe : le « vrai » métier des philosophes ne serait-il pas de savoir prendre de la hauteur sans jamais être hors sol ?

Baruch Spinoza, polisseur de lentilles

De son vivant, Spinoza (1632-1677) est aussi réputé pour son métier de polisseur de lentilles. Son activité d'artisan est, comme il l'écrit lui-même, « son gagne-pain » ; elle lui assure son indépendance matérielle et lui permet, dans ses moments de liberté, de se livrer à la philosophie.

Polir des verres pour fabriquer des loupes, des microscopes ou des longues-vues, c'est participer très concrètement au développement de la science. Spinoza appartient à un siècle où le monde n'est plus enfermé dans les bornes étroites d'un espace clos et fini. Avec Galilée, puis Newton, le monde apparaît désormais comme infini. L'humanité accède alors à l'infiniment petit grâce au microscope et à l'infiniment grand grâce au télescope.

La fabrication de ces nouveaux instruments d'optique nécessite des opérations techniques complexes et très méticuleuses. Parmi ces opérations, le polissage des lentilles constitue l'ultime étape, celle où l'artisan va éliminer toutes les impuretés et rugosités de la surface du verre. C'est à ce stade du processus que Spinoza intervient : pour polir la lentille, on place le verre dans ce qu'on appelle un bassin, c'est-à-dire une sorte de moule en métal qui est à peine plus grand que le verre à polir ; ce bassin contient un tissu abrasif. Avec l'aide d'une molette, le polisseur va mouvoir la lentille sans la toucher directement avec ses mains afin de rendre le verre transparent et homogène.

Ce travail délicat exige beaucoup d'adresse, d'attention et de patience. N'est-ce pas un ensemble de qualités indispensables au philosophe ? En réalité, ces deux activités, polir des lentilles et écrire l'*Éthique*, entretiennent un rapport étroit. Elles ne sont pas seulement liées en raison des qualités qu'elles exigent, mais procèdent, en un sens, d'un même geste. Comme le fait remarquer Gilles Deleuze : « Il faut comprendre en un tout la méthode géométrique, la profession de polir des lunettes et la vie de Spinoza[1]. »

Spinoza nous invite à associer la géométrie au polissage du verre et à la fabrication d'instruments d'optique.

En apparence, rien ne paraît plus éloigné que l'abstraction géométrique et le travail très concret du polisseur de verre. Mais, à y regarder de plus près, ces deux activités ne sont nullement étrangères l'une à l'autre. Le pouvoir grossissant des lentilles était connu empiriquement depuis longtemps, mais c'est Descartes, que Spinoza a beaucoup lu, qui en a donné la théorie géométrique et scientifique dans sa *Dioptrique*. Polir des verres, mettre donc la dernière main à la fabrication des lentilles, c'est accroître notre puissance de voir. De la même façon, la construction architecturale de l'*Éthique*, fondée sur des définitions, des démonstrations, des corollaires et des scolies, permet à l'humanité de

1. Gilles Deleuze, *Spinoza. Philosophie pratique*, Paris, Éditions de Minuit, 1981, p. 23.

mieux voir. C'est en ce sens que Spinoza compare la démonstration et la vision. « Les yeux de l'âme par lesquels elle voit et observe les choses sont les démonstrations elles-mêmes[1] », écrit-il dans le scolie de la proposition 23 du livre V de l'*Éthique*.

Lentilles ou démonstrations, il s'agit, à chaque fois, de voir les choses telles qu'elles sont réellement. Or, voir les choses telles qu'elles sont suppose deux conditions : d'une part, cesser de les voir telles qu'elles nous paraissent spontanément ; d'autre part, ouvrir notre perception à ce qui n'est pas immédiatement visible. Accéder à l'infiniment grand ou à l'infiniment petit grâce aux instruments d'optique, c'est pouvoir observer ce que l'on ne peut pas percevoir à l'œil nu. Accéder à l'évidence d'une proposition vraie, c'est mettre au jour une vérité qui ne peut apparaître qu'au prix d'une longue démonstration. Voir avec les yeux de l'âme est donc bien plus qu'une métaphore. La vérité est affaire de vision.

1. Baruch Spinoza, *Éthique*, Œuvres III, trad. par Charles Appuhn, Paris, Flammarion, coll. « GF », 1966, p. 325.

Avec Spinoza, le préjugé qui oppose le travail intellectuel et le travail manuel est clairement battu en brèche.

L'essor des sciences dépend très largement des inventions et des innovations techniques. Ce qu'il y a d'amusant dans l'histoire de l'optique, c'est qu'on s'est longtemps méfié d'instruments que l'on soupçonnait de déformer la vision. Le XVIIe siècle opère alors un renversement radical ! C'est notre vision spontanée qui déforme la réalité. Pour perfectionner l'œil, la main de l'artisan est nécessaire. Cette main est d'autant plus nécessaire aux yeux de Spinoza qu'il refusait de polir avec des machines. Dans une lettre, il évoque la machine à fabriquer des lentilles conçue par le physicien Christiaan Huygens et déclare préférer travailler à la main : « Ce même Huygens a été tout occupé, il l'est encore, du polissage des lunettes ; à cet effet il a construit une machine assez jolie à l'aide de laquelle il peut fabriquer des lentilles au tour. Je ne sais cependant quels résultats il a obtenus et, à dire la vérité, je ne suis pas très désireux de le savoir. L'expérience m'a montré, en effet, qu'on peut à la main, mieux qu'avec aucune machine, polir des lentilles sphériques[1]. »

Se réclamer de l'expérience alors même que Spinoza n'a pas essayé la machine peut nous surprendre. Mais, ce qui est très clair pour Spinoza, c'est la supériorité du travail humain sur le travail mécanique.

Tirons jusqu'au bout le fil du paradoxe : le développement prodigieux de l'optique au XVIIe siècle n'en ferait-il pas sinon le véritable siècle des Lumières, du moins le siècle de la Lumière ?

Pour aller plus loin :

Philippe Hamou, *La Mutation du visible. Essai sur la portée épistémologique des instruments d'optique au XVIIe siècle*, tome I, Villeneuve-d'Ascq, Presses universitaires du Septentrion, 1999.

1. Baruch Spinoza, Lettre 32 à Oldenburg datée du 20 novembre 1665, *Lettres*, Œuvres IV, trad. par Charles Appuhn, Paris, Flammarion, coll. « GF », 1966, p. 238.

Pierre Sauvanet, « Éthique et optique chez Spinoza », *Philosophique. Annales littéraires de l'université de Franche-Comté*, n° 1, 1998, p. 143-160 (en ligne).

Baruch Spinoza, *Éthique*, Œuvres III, Partie V, proposition 23, trad. par Charles Appuhn, Paris, Flammarion, coll. « GF », 1966.

Baruch Spinoza, Lettre 32 à Oldenburg datée du 20 novembre 1665, *Lettres*, Œuvres IV, trad. par Charles Appuhn, Paris, Flammarion, coll. « GF », 1966.

Hannah Arendt, journaliste

En 1933, la philosophe Hannah Arendt (1906-1975) fuit l'Allemagne. Elle rejoint la France, puis les États-Unis où elle travaille pour différents journaux. Sa transformation de philosophe en journaliste s'enracine donc dans une double expérience : celle, personnelle, de l'exil et celle, commune, de la guerre.

Avant son exil, Arendt est une philosophe brillante ; elle soutient en 1928 une thèse sur *Le Concept d'amour chez saint Augustin*. Devenue journaliste, Hannah Arendt ne cesse pas d'être philosophe, comme le montre la parution en 1951 des trois volumes des *Origines du totalitarisme*. Mais écrire en journaliste est autre chose qu'écrire en philosophe. À la journaliste, la précision du fait et la capacité à l'éclairer en temps réel ; à la philosophe, le souci du temps long et la capacité, que donne le recul, à insérer la confusion des événements dans une interprétation qui ait du sens.

Dans les périodes de crise, comme c'est le cas en temps de guerre, faire de la philosophie implique de nouveaux gestes, une autre manière de penser et de dire, et une autre manière de s'engager. Les objets de réflexion d'Hannah Arendt ne sont plus et ne peuvent plus être les mêmes, comme si méditer sur saint Augustin et faire de la philosophie médiévale n'avait de sens qu'en temps de paix. Mais ce ne sont pas seulement les objets de pensée qui changent. L'écriture elle-même demande à être renouvelée. La gravité des enjeux que la guerre implique nécessite deux choses : d'une part, être, autant que possible, en phase avec une actualité changeante et nécessairement brouillée. En temps de guerre, les informations sont aussi des armes. À la brutalité des événements s'ajoute la difficulté d'avoir accès à la vérité des faits. D'autre part, rendre compte des événements, c'est chercher à s'adresser au plus grand nombre. La pensée ne saurait être cloisonnée et réservée à quelques spécialistes. Il faut prendre part au débat public, le nourrir et le faire vivre. Les idées ne sont pas des entités abstraites qui survoleraient le monde. Les idées habitent le monde et contribuent à le transformer. La force de frappe de la propagande en temps de guerre en témoigne.

Par son activité de journaliste, Hannah Arendt s'est donc attachée à exercer sa pensée sur les événements tragiques qui ont marqué son époque. Ces événements, vécus pour elle au présent, relèvent pour nous de la grande Histoire. Le point de jonction entre journalisme et philosophie se niche alors dans l'attention portée aux faits et à l'événement. Le véritable journaliste est celui qui sent poindre dans l'événement le vent de l'histoire. Le profond philosophe est celui qui ne méprise pas la singularité de l'événement présent pour l'envisager dans toute son épaisseur temporelle et toute sa complexité.

Pour Hannah Arendt, l'exercice du journalisme est une manière efficace d'inscrire sa pensée dans l'horizon de la discussion publique.

Hannah Arendt est une philosophe allemande. À ce titre, il n'est pas anodin de remarquer que la philosophie allemande, depuis Kant jusqu'à, récemment, Habermas, fait de la publicité une vertu de la discussion publique. Dans ce contexte, la publicité n'est pas la réclame mais la capacité à rendre publiques les idées et à les diffuser le plus largement possible. C'est le fait de rendre publique une opinion, une idée, une information, et de la soumettre à la discussion. C'est faire usage de sa raison dans un espace démocratique où la discussion se définit par l'exercice réfléchi de l'argumentation.

Hannah Arendt, la journaliste, met ainsi concrètement en œuvre le concept de « publicité ». La publicité, ainsi comprise, est donc aux antipodes de nos usages des réseaux sociaux qui relèvent plutôt de l'« antipublicité ». Donner son opinion ou exprimer ses affects en quelques caractères, ce n'est pas participer au débat public. La publicité, ce n'est pas la viralité. Le public ne se mesure pas par le nombre de vues sur Internet, mais par la qualité de l'argumentation. De ce point de vue, le pluralisme, qui définit le journalisme, a quelque chose de philosophique.

Hannah Arendt écrit des articles engagés, qui donnent lieu à des discussions vives, la plus célèbre concernant le procès Eichmann en 1961. On a reproché à Arendt de banaliser Eichmann en le considérant comme un simple bureaucrate conformiste. Les historiens ont depuis démontré qu'Eichmann fut un nazi activiste et convaincu. Elle a aussi soutenu que les « conseils juifs » auraient pour ainsi dire collaboré avec les nazis. Certains historiens pensent aujourd'hui que les hommes qui composaient ces conseils ont essayé, dans la perception nécessairement tronquée qu'ils avaient de la réalité, de diminuer les souffrances de leur communauté.

Quelles que soient ces controverses, difficiles et douloureuses, nul ne peut dénier à Hannah Arendt un véritable courage intellectuel dans la formulation de ses hypothèses et dans la recherche de la discussion.

Hannah Arendt a aussi été confrontée aux contradictions de la société américaine et ses positions ont parfois été discutées.

En 1957, la Cour suprême des États-Unis met un terme à la ségrégation des Noirs et des Blancs dans les écoles. Cette décision suscite un tollé dans les États du Sud. Neuf jeunes élèves noirs de Little Rock sont violemment agressés le jour de la rentrée. Or, dans un article paru dans la revue *Dissent*, Arendt critique la décision de la Cour suprême. Elle est bien sûr opposée à la ségrégation, mais elle pense que les neuf élèves noirs seront maltraités s'ils sont imposés de force dans une école qui n'en veut pas. Le débat, ici encore, est complexe.

Tirons jusqu'au bout le fil du paradoxe : Aristote, auquel Arendt se réfère souvent, pensait que, dans les choses humaines, est vrai ce qui se produit « la plupart du temps ». Mais Arendt a préféré travailler sur les exceptions. Les cas singuliers qu'analyse la journaliste se révèlent plus obscurs et embrouillés que les cas plus généraux qu'étudie la philosophe.

Pour aller plus loin :

Hannah Arendt, « Reflections on Little Rock », *Dissent*, vol. 6, n° 1, hiver 1959, p. 45-56 (texte en ligne).

Hannah Arendt, *Eichmann à Jérusalem. Rapport sur la banalité du mal* [édition américaine originale 1963], trad. par Anne Guérin-Henni, Paris, Gallimard, coll. « Folio-Histoire », 1991.

Michel Fabre, « Hannah Arendt, Little Rock et la question de la neutralité scolaire », *Éducation et socialisation. Les Cahiers du CERFEE*, n° 64, 2022 (texte en ligne).

Géraldine Muhlmann, « Le comportement des agents de la "solution finale". Hannah Arendt face à ses contradicteurs », *Revue d'histoire de la Shoah*, vol. 3, n° 164, 1998, p. 25-52.

Géraldine Muhlmann, *Pour les faits*, Paris, Les Belles Lettres, 2023.

Diogène le Cynique, faux-monnayeur

Sa vie durant, le philosophe Diogène le Cynique (vers 413-vers 323 avant J.-C.) ne cesse d'agir et de penser contre les usages et les coutumes. Vivre à la marge de la société, c'est, pour lui, mener une existence authentique. Lutter contre les préjugés sociaux et les faux-semblants le conduit même jusqu'à exercer une activité de faux-monnayeur. Paradoxalement, chez ce philosophe hors norme, fabriquer de la fausse monnaie c'est encore chercher à préserver les valeurs de l'authenticité.

Aujourd'hui, on connaît surtout Diogène de Sinope, philosophe du IVe siècle avant notre ère, pour sa vie marginale et son insolence légendaire. Diogène, appelé aussi Diogène le Cynique ou encore Diogène le Chien, vit dans un tonneau, en réalité, un *pithos*, c'est-à-dire une sorte de grande jarre qui sert à conserver les céréales ou à mettre le moût de raisin pour la fermentation. De Diogène, la tradition retient aussi son invective adressée à Alexandre le Grand, venu lui rendre visite : « Ôte-toi de mon soleil. » Vivre dans un tonneau, invectiver le roi de Macédoine, c'est dire combien Diogène méprise les conventions ! On l'imagine donc très mal occuper un emploi en bonne et due forme. Alors, plutôt que de devenir banquier, comme son père Hicésios, Diogène devient faux-monnayeur. C'est, du moins, ce que racontent beaucoup de témoignages, sans doute en partie légendaires.

Fabriquer de la monnaie est un art qui exige une certaine habileté. La monnaie grecque est exclusivement en métal et le papier-monnaie n'existe pas encore. On distingue deux façons, ou plutôt deux contrefaçons, de produire de la fausse monnaie. La première méthode, plus technique, consiste à transformer les métaux en diminuant la proportion d'or dans l'alliage. La seconde consiste à trafiquer la monnaie en utilisant un mauvais poinçon, cet outil qui sert à authentifier la valeur d'une pièce. Très concrètement, le faux-monnayeur va, par exemple, poinçonner une pièce d'une valeur réelle de 50 % de métal précieux en utilisant un poinçon qui indique 80 %. En somme, soit on transforme la matière, soit on modifie la valeur du titre.

Parmi les témoignages dont nous disposons et qui nous sont rapportés par Diogène Laërce, qu'il ne faut pas confondre avec Diogène de Sinope, on raconte que le Cynique serait allé voir l'oracle pour s'enquérir de la manière dont il devait conduire sa vie. L'oracle lui aurait dit : « Change de monnaie. » Or, le terme grec *nomisma* signifie aussi bien monnaie que coutume, usage, mœurs !

Par sa manière de vivre, Diogène se sera affranchi des usages traditionnels. Par sa pratique de faux-monnayeur, il aura, au sens strict, changé la monnaie... Si Diogène est réputé pour son sens de la formule « sonnante et trébuchante », ses pièces, elles, ne l'étaient pas !

Cette pratique du faux monnayage illustre très bien la distinction classique entre vérité et réalité.

Ce qui est réel n'est pas nécessairement vrai, puisqu'une monnaie fausse a bien une existence concrète et tangible, mais, pour autant, elle n'est pas vraie au sens où elle n'est pas authentifiée par les conventions établies et n'est pas ce qu'elle prétend être.

Or, comme les historiens nous l'apprennent, les États eux-mêmes pratiquent déjà ce type de trafic à l'époque de Diogène de Sinope en diminuant la part de métal précieux dans les pièces officielles. On a donc des pièces authentiques et pourtant fausses, puisque la valeur affichée de la monnaie ne correspond pas à la valeur réelle de la pièce.

« Authentique et pourtant faux », voilà une formule qui ravirait un cynique ! C'est précisément contre cette forme d'hypocrisie que le philosophe se révolte. Son rejet des conventions ne doit pas se comprendre comme l'expression d'un désir égoïste de vivre comme il l'entend au mépris des autres. « Vivre comme un chien », selon sa formule, c'est renoncer à vivre dans un monde social vicié où toutes les valeurs sont corrompues. Le paradoxe du Cynique, dont il faut rappeler que le sens étymologique signifie « chien », est que sa pratique de faux-monnayeur tient sûrement à son authenticité éthique et à sa grandeur morale. Diogène est avant tout un homme indigné et révolté par le renversement des valeurs, notamment sur le plan économique. Il s'étonne de voir que ce qui est nécessaire pour vivre, par exemple du blé, ne coûte pas grand-chose, alors que ce qui est inutile et superflu, un bijou par exemple, peut atteindre des prix exorbitants. Diogène n'est, bien sûr, pas partisan d'une hyperinflation des denrées nécessaires à l'existence, il ne fait que mettre au jour, en philosophe, les contradictions de l'économie. En toute logique, le superflu devrait moins valoir que le nécessaire. Toutefois, sa démarche n'est pas politique, mais intellectuelle.

Ce qu'il nous montre, en acte et par l'exemple, c'est que l'économie est une science de convention pour laquelle la vérité n'est pas une norme d'évaluation pertinente.

Ce qu'il dénonce, ce sont les inégalités et la servitude qu'engendrent les sociétés fondées sur le luxe et l'argent.

Une autre anecdote, tirée de sa vie assez incroyable, nous montre combien le faux-monnayeur et le philosophe ne faisaient qu'un.

Après avoir été capturé par des pirates, il aurait dit à l'un d'entre eux qui allait le vendre comme esclave : « Vends-moi à quelqu'un qui cherche un maître. » Fabriquer de la fausse monnaie, c'est encore, pour lui, une manière de préserver sa liberté et de ne pas dépendre de l'ordre social.

Tirons jusqu'au bout le fil du paradoxe : pour Diogène de Sinope, trafiquer la monnaie, ce n'est pas chercher à s'enrichir, mais c'est surtout donner une véritable « leçon pratique » en dénonçant les abus et les inégalités économiques de son temps. Pour mettre au jour la vérité, ce philosophe original et dérangeant aura choisi de créer de la fausse monnaie plutôt que de produire de long discours.

Pour aller plus loin :

Maxime Chapuis, *Figures de la marginalité dans la pensée grecque. Autour de la tradition cynique*, Paris, Classiques Garnier, 2021.

Étienne Helmer, « De quoi la monnaie est-elle la mesure ? Aristote, Diogène et Platon ou la convention monétaire dans l'horizon du politique », in *Cahiers d'économie politique*, vol. 1, n° 72, 2017, p. 7-26.

Diogène Laërce, *Vies et doctrines des philosophes illustres*, livre VI, éd. de Marie-Odile Goulet-Cazé, Paris, Le Livre de Poche, coll. « La Pochothèque », 1999.

Olivier Picard, « Quand la fausse monnaie est prise pour argent comptant », in *Dossiers d'archéologie*, « Vrai ou faux ? », n° 312, avril 2006, p. 50-55.

Yves Cusset, comédien et humoriste

Philosophe devenu humoriste sans cesser d'être philosophe, Yves Cusset (né en 1972) travaille en situations scéniques les grandes questions de la philosophie. Le comique n'est plus seulement un objet de pensée, mais un mode d'invention et d'existence de la pensée.

Jouer la comédie, et plus encore, faire œuvre d'humoriste, voilà qui n'est pas banal pour un philosophe. La philosophie n'est-elle pas une affaire sérieuse ? Or, spontanément, le rire est plutôt considéré comme l'antonyme du sérieux. Certes, le rire peut être un objet de pensée pour le philosophe ; en témoignent, par exemple, l'ouvrage de Bergson *Le Rire*, ou les réflexions que Kant consacre à ce phénomène dans son *Anthropologie*. Le rire, pour le philosophe, est d'abord un phénomène anthropologique et social qu'il convient d'analyser en tant que tel. De la proposition générale, « L'être humain est un animal rieur », le philosophe peut déduire diverses conclusions. Le philosophe s'intéressera aussi aux formes multiples du rire (la dérision, la satire, le comique de répétition, etc.), mais, le plus souvent, sans rire lui-même et sans nous faire rire. Prendre le rire comme objet de pensée n'a rien de drôle ou d'hilarant. Lorsque Nietzsche affirme qu'il faut considérer comme « fausse toute vérité où il n'y aurait pas un éclat de rire[1] », reconnaissons que cette proposition ne prête pas vraiment à rire, ce qui, comme l'écrit Yves Cusset, la rend logiquement fausse.

Dès sa plus jeune enfance, Yves Cusset éprouve le besoin de faire rire les autres, lui qui se considère comme un enfant triste et terne. À l'âge de 14 ans, une camarade de classe, qu'il cherche à séduire, l'invite à un spectacle au Point Virgule à Paris. Sur place, il oublie sa camarade. Il rencontre le Théâtre. Ils ne se quitteront plus. En parallèle, il poursuit ses études de philosophie et soutient

1. Friedrich Nietzsche, *Ainsi parlait Zarathoustra*, in *Œuvres complètes*, tome III, Paris, Gallimard, 2023, p. 186.

en 2000 une thèse de doctorat consacrée à Jürgen Habermas.

En apparence, le rire, comme expérience vécue, serait exclu de l'activité philosophique, laquelle exigerait sérieux et distance. Mais, en réalité, ses deux activités de philosophe et de comédien-humoriste ne sont pas si scindées.

Dans un premier moment, le parcours d'Yves Cusset emprunte deux directions parallèles. Mais, à partir de 2002 et de l'écriture de sa première pièce de théâtre, *Le Remplaçant*, Yves Cusset va articuler ces deux dimensions. La philosophie devient un matériau au service de la comédie. Il ne s'agit pas seulement de faire de la philosophie « en se moquant de la philosophie », selon la formule de Pascal. Il s'agit de faire rire en abordant philosophiquement des thèmes très sérieux, comme la mort. Yves Cusset ne se contente donc pas de faire du rire un objet de pensée, mais il en fait aussi une expérience à vivre et à faire vivre.

Après tout, l'éclat de rire n'est-il pas voisin de l'étonnement philosophique ? Rire résulte toujours d'une surprise. C'est bien ce que l'on exprime lorsque l'on parle d'une *chute* pour une plaisanterie ou un bon mot.

Ajoutons que les démarches de la philosophie classique n'excluent pas complètement le rire. C'est notamment le cas du raisonnement par l'absurde dont la visée réfutative peut comporter d'excellents effets comiques. Un exemple : « Tout ce qui ne tue pas rend plus fort. Or la bêtise ne tue pas. Donc la bêtise rend plus fort. Mais cette proposition : "la bêtise rend plus fort", est fausse. Donc la première proposition : "tout ce qui ne tue pas rend plus fort", est fausse. »

Jouer la comédie, c'est jouer à être un autre. Or, en général, nous attendons de la parole du philosophe qu'elle l'engage en son nom propre.

En apparence, le jeu du comédien s'accorde mal avec l'exigence d'authenticité attendue du philosophe. Mais, en réalité, le travail du comédien est d'abord et surtout une expérience de mise à distance de soi. De ce point de vue, il ne s'agit pas tant de jouer à être un autre que d'opérer un décentrement de soi. Or, cette expérience du décentrement est l'une des tâches du philosophe. Aussi, le rire ne nous tient pas seulement à distance des choses, mais il nous permet de penser et de comprendre, sous un angle différent et décalé, tout ce qui nous entoure. Symétriquement, faire de la philosophie et s'interroger sur le sens des choses n'implique pas nécessairement une attitude froide ou apathique.

Tirons jusqu'au bout le fil du paradoxe : le travail de l'humoriste comme celui du philosophe produisent l'un et l'autre des effets de surprise. Mais ces effets de surprise fonctionnent en sens inverse l'un de l'autre. L'effet de surprise produit par l'humoriste est le résultat d'un processus. Nous rions après un sketch ou une plaisanterie. Alors que l'effet de surprise éveillé par l'étonnement du philosophe est le point de départ de la réflexion. C'est l'étonnement qui déclenche la pensée. La « chute » est, pour l'humoriste, une conclusion. Pour le philosophe, elle est un commencement.

Pour aller plus loin :

Henri Bergson, *Le Rire*, Paris, PUF, coll. « Quadrige », 2004.

Yves Cusset, *Le Remplaçant*, Paris, Le Jardin d'essai, 2005.

Yves Cusset, *N'être pas né*, Paris, La Librairie théâtrale, 2014.

Yves Cusset, *Rire. Tractatus philocomicus*, Paris, Flammarion, 2016.

Yves Cusset, *Réussir sa vie du premier coup*, Paris, Flammarion, 2019, réédition en poche chez Litos en 2023.

Blaise Pascal, entrepreneur de transport public

Le philosophe janséniste Pascal (1623-1662) ne s'est pas seulement préoccupé des chemins qui mènent à la foi, mais aussi de ceux qui mènent des jardins du Luxembourg à la place Royale.

C'est à Pascal que l'on doit l'invention en 1662 du premier système de transport collectif à Paris : les « carrosses à cinq sous » (on écrivait « sols » à l'époque), c'est-à-dire, d'une certaine manière, l'ancêtre de la RATP. Si l'on doit à ce génie touche à tout l'invention de la machine arithmétique et les toutes premières calculatrices, Pascal, le philosophe-ingénieur, aura aussi révolutionné nos déplacements quotidiens dans les villes.

Contrairement à la machine à calculer, qui repose sur un dispositif technique très complexe, l'invention du carrosse à cinq sous est plutôt mince. Il existe déjà, au XVIIe siècle, des réseaux de voitures qui circulent entre les villes. Mais l'idée nouvelle, l'idée à la fois toute simple et brillante de Pascal, c'est de transposer et d'appliquer ce système aux déplacements intra-urbains. Cinq lignes de transport sont alors desservies, chaque jour entre 7 heures du matin et 8 heures le soir. Les Parisiens, du moins ceux de la classe bourgeoise aisée, peuvent alors circuler de la place Royale, l'actuelle place des Vosges, aux jardins du Luxembourg, ou de Saint-Roch à la place Royale. Toutefois, les stations n'existent pas encore, il faut faire signe au conducteur du carrosse, lequel est tiré par deux chevaux et peut accueillir et transporter jusqu'à huit personnes.

Il existe donc un Pascal ingénieur et inventeur, aux côtés du Pascal janséniste et austère, du moraliste et philosophe religieux ou encore de l'auteur de traités scientifiques.

En réalité, les nombreuses activités de Pascal entretiennent avec sa pensée un rapport étroit, y compris sa pensée théologique et religieuse.

Le mathématicien, l'inventeur de la première machine à calculer, est aussi l'auteur du fameux « pari » qui donne des raisons mathématiques de croire en Dieu. En bon entrepreneur qui calcule les coûts, les avantages et les risques, Pascal utilise le calcul des probabilités pour démontrer qu'il est rationnel et même avantageux de croire en Dieu. Pour Pascal, nous avons tout à gagner à croire en Dieu. S'il n'existe pas, croire en Dieu ne nous coûte rien. S'il existe et que nous ne croyons pas en lui, alors nous avons tout à perdre, à commencer par notre salut dans l'au-delà...

Toute l'ambiguïté et la complexité de Pascal tiennent en ce paradoxe : celui d'un fervent chrétien qui a consacré sa vie à Dieu et raisonne comme un économiste.

L'invention du carrosse à cinq sous, dont le succès va l'enrichir, s'accorde mal avec l'idée que l'on se fait de l'homme de foi qui se tiendrait à l'écart des richesses matérielles. C'est d'autant plus paradoxal que l'ingénieur et entrepreneur Pascal est également un publicitaire soucieux de la réussite commerciale de son projet. Avec un sens de la formule digne du marketing d'aujourd'hui, il va concevoir des placards publicitaires pour assurer la promotion de son système de transport. « Afin que de partout on puisse aller partout », peut-on ainsi lire dans les rues de Paris. Ce sens de la formule et de la communication a fait, six ans auparavant, l'immense succès des *Lettres provinciales* de Pascal, véritable campagne de presse dirigée contre la théologie et la morale des jésuites. Mais ce paradoxe peut se comprendre en un sens.

Ce que cherche Pascal, c'est rendre la vie plus simple ou, du moins, plus logique. Faciliter les calculs avec sa machine d'arithmétique, faciliter les déplacements avec le carrosse à cinq sous, faciliter l'accès pour le plus grand nombre à sa pensée en écrivant en français et non en latin.

« Vous vous allez à la foi et vous n'en savez pas le chemin ? » demande Pascal à celui qui ne croit pas. Pour ce faire, l'auteur des *Pensées* propose le pari.

« Vous vous allez de la Sorbonne à la rue Saint-Antoine ? » aurait-il pu demander aux Parisiens et aux Parisiennes. Pour ce faire, Pascal invente les transports en commun.

Tirons jusqu'au bout le fil du paradoxe : tracer des chemins pour faciliter les déplacements, encourager à la foi pour mener une vie moralement bonne, c'est, à chaque fois, réguler les mouvements de l'homme. Ceux du corps, grâce aux carrosses à cinq sous, ceux de l'âme, grâce à la foi.

Pour aller plus loin :

Éric Lundwall, *Les Carrosses à cinq sols. Pascal entrepreneur*, Paris, Éditions science infuse, 2000, préface de Jean Mesnard.

Blaise Pascal, *Œuvres complètes*, tome IV, éd. de Jean Mesnard, Paris, Desclée de Brouwer, 1992, dossier complet sur les carrosses à cinq sols, p. 1374-1439.

Sénèque, « ami de l'empereur »

Illustre représentant de la morale stoïcienne de l'époque impériale, le philosophe Sénèque (vers 4 av. J.-C.-65 apr. J.-C.) a aussi traversé les coulisses du pouvoir en assurant la charge de conseiller de l'empereur Néron.

Né en l'an 4 avant Jésus-Christ à Cordoue dans une famille bourgeoise de l'Espagne romaine, Sénèque aura mené une existence bien tourmentée. Malade et dépressif dans sa jeunesse, il part en Égypte pour se soigner. Il y restera six ans. Puis il fréquente à Rome le milieu politique. À l'âge de 40 ans, il est exilé en Corse, accusé d'avoir commis un adultère avec la sœur de l'empereur Caligula. De retour à Rome en 49, il devient le précepteur du futur empereur Néron. Sénèque en sera, plus tard, l'« ami », c'est-à-dire, le conseiller.

La vie de Sénèque est étonnante. Si l'on excepte sa disgrâce finale qui l'obligera à se donner la mort, sa vie suit le mouvement inverse d'une tragédie. Dans une tragédie, le héros passe d'une vie heureuse à une vie malheureuse. De l'obscurité marquée par la maladie, l'exil et les ambitions déçues, Sénèque passe à la lumière en occupant la prestigieuse fonction d'« ami du prince ».

En fait de lumière, le métier de conseiller est, plutôt, un métier de l'ombre. Guider l'empereur dans ses décisions, contribuer à éclairer son jugement, n'est pas si éloigné de sa première activité de précepteur ni de son statut de philosophe. Dans ce triptyque, précepteur, philosophe et ami du prince, il s'agit à chaque fois d'exercer le jugement, de confronter les points de vue en cherchant à trouver les raisons les meilleures. Mais ce n'est pas seulement la raison qui est au cœur de ce triptyque. Il y a aussi une dimension pratique. Former un enfant et contenir la fougue d'un tyran réputé pour ses coups de sang, c'est aussi agir, en sous-main, sur les passions pour empêcher le pire.

Ce métier de conseiller de l'empereur est particulièrement étonnant pour un stoïcien, puisque l'on pourrait penser que cette philosophie invite à tenir à l'écart tout ce qui est source de trouble.

S'il y a bien un domaine dans les choses humaines qui n'échappe pas aux tourments et à l'agitation, c'est la politique. Or, le stoïcisme repose sur un principe très ferme : pour être heureux, pour atteindre l'ataraxie, l'absence de trouble, il faut s'en tenir à ce qui dépend de nous, *ta éph' hēmin*, et rejeter tout ce qui ne dépend pas de nous, *ta ouk éph' hēmin*.

Dans le cas de Sénèque, ce principe semble être mis à mal deux fois. D'une part, la politique est l'art d'agir sur ce qui ne dépend pas de nous (les circonstances sociales et économiques, les menaces internes, les éventuels conflits et les guerres). D'autre part, conseiller l'empereur, c'est chercher à agir sur la volonté d'un autre.

Mais, sous un autre angle, le métier de conseiller se marie parfaitement avec la philosophie de Sénèque. En témoigne la définition qu'il nous donne de la philosophie dans sa

Lettre 38 à Lucilius : « La philosophie, écrit-il, c'est le bon conseil[1]. »

Le bon conseil n'est pas seulement un avis pertinent. Donner un bon conseil, c'est aussi employer le ton juste. Bien conseiller, c'est savoir ne pas trop en dire. Il faut donc à la fois économiser son discours et ne pas s'emporter. « Un bon conseil ne se donne jamais à pleine voix », écrit Sénèque. La forme compte autant que le fond. La qualité d'un conseil se mesure à ses effets. Un conseil pertinent mais qui ne serait pas suivi n'est pas un bon conseil. Comme l'écrit le philosophe dans la même Lettre 38 : « Les paroles ne doivent pas être abondantes mais efficaces afin qu'elles pénètrent et se gravent plus facilement[2]. »

Se tenir à l'écart de l'agitation du monde n'implique donc pas de se mettre en retrait de la vie. À l'inverse, l'ami du prince est un conseiller d'autant plus avisé que sa sagesse se conjugue à une connaissance aiguë et alerte de

---

1. Sénèque, *Entretiens. Lettres à Lucilius*, éd. de Paul Veyne, Paris, Robert Laffont, coll. « Bouquins », 1993, p. 689.

2. *Ibid.*

la situation sociale et politique de son temps. Sénèque connaît la nature humaine et les passions qui la dévorent. Cette connaissance n'est pas seulement théorique, elle se nourrit également de son expérience politique.

Sénèque n'est pas seulement un acteur politique, c'est aussi un penseur de la politique.

On résume souvent la philosophie de Sénèque à sa dimension éthique ou morale. Pourtant, il est aussi l'auteur d'un traité de physique, *Questions naturelles*, dans lequel il analyse, par exemple, les phénomènes qui semblent troubler l'ordre de la nature, tels que les tremblements de terre.

Parmi ces textes politiques, il y a notamment son traité *Des bienfaits*, qui est une réflexion sur les rapports sociaux dans la société romaine. En outre, on lui attribue l'*Apocoloquintose*, satire acerbe des méfaits de l'empereur Claude publiée après la mort de ce dernier. Jean-Jacques Rousseau a traduit ce texte. Ce néologisme serait emprunté au terme romain « *colocyntha* » qui désigne une plante, la calebasse, qui sert notamment à fabriquer des gourdes. On l'aura compris, la comparaison est peu flatteuse…

Il est intéressant de noter que son œuvre majeure, les *Lettres à Lucilius*, a été composée à la fin de sa vie, après qu'il s'est retiré de la vie politique. Dans une interprétation séduisante, l'historien Paul Veyne considère cet ouvrage comme « un écrit d'opposition politique ».

Tirons jusqu'au bout le fil du paradoxe : Sénèque est un grand philosophe stoïcien qui a eu à conseiller un empereur assassin de sa mère Agrippine et de son frère adoptif Britannicus. Il n'a pas pris la fuite, mais a essayé sans relâche de ramener Néron à la raison. Cela a été sa façon grandiose de rester lui-même rationnel.

Pour aller plus loin :

Stéphane Benoist, « Les rapports sociaux dans l'œuvre de Sénèque : l'homme dans la cité », *in* Michel Molin (dir.) *Les Régulations sociales dans l'Antiquité*, Rennes, PUR, 2006, p. 55-70 (en ligne).

Jean-Michel Croisille, « Sénèque et Néron », *Vita latina*, nº 140, 1995, p. 2-12.

Sénèque, *Entretiens. Lettres à Lucilius*, éd. de Paul Veyne, Paris, Robert Laffont, coll. « Bouquins », 1993, et la longue préface de Paul Veyne.

Matthew Crawford, mécanicien

Matthew Crawford (né en 1965) répare des motos et écrit de vigoureux livres de philosophie. Une bonne circularité relie ces deux activités ; c'est la confrontation aux problèmes matériels qui aiguise au mieux l'esprit.

Jongler entre les concepts, les pinces et autres tournevis, tel est le quotidien du philosophe américain Matthew Crawford. Après des études de physique et un doctorat en philosophie politique, Crawford est recruté comme directeur d'une fondation à Washington. Dans ce *think tank*, ce groupe de réflexion à mi-chemin entre la politique et l'économie, le philosophe s'ennuie. Bien pire, il a le sentiment d'être inutile et de passer ses journées à manipuler ce qu'il appelle des abstractions. Or, comme il l'écrit dans son *Éloge du carburateur*, « manipuler des abstractions, ce n'est pas penser[1] ».

Selon lui, la logique managériale, qui s'est systématisée dans l'ensemble des secteurs, a entraîné une dégradation des métiers intellectuels. Ce à quoi nous assistons aujourd'hui serait comparable à la révolution qui a affecté et dégradé les métiers manuels suite à l'essor du taylorisme.

Matthew Crawford décide alors de quitter son bureau aseptisé pour ouvrir un garage. En réparant des motos, ou des voitures, il renoue avec la réalité. Être dans le réel, être pleinement dans le réel, c'est se confronter à des résistances et les surmonter. En cela, le métier de mécanicien coche toutes les cases : son quotidien le place précisément face à ce qui dysfonctionne, à ce qui grippe et à ce qui lâche.

Pour le mécanicien, ces problèmes peuvent être plus ou moins faciles à résoudre. Changer une plaquette de frein usée ne pose pas de

---

1. Matthew Crawford, *Éloge du carburateur. Essai sur le sens et la valeur du travail*, trad. par Marc Saint-Upéry, Paris, La Découverte, 2010, p. 55.

grandes difficultés pour lui. Mais il est aussi confronté à des problèmes plus redoutables qui l'amènent à devoir prendre des décisions importantes. Par exemple, Matthew Crawford raconte un cas de fuite d'huile dans le moteur. Ce problème peut être mineur, comme une fuite du carter. Mais ce problème de fuite est plus grave s'il nécessite un démontage complet du moteur. Dans ce cas, comme l'écrit Matthew Crawford, « mieux vaut laisser tomber et reléguer la moto souffrante au statut de réservoir de pièces détachées[1] ».

Le travail du mécanicien consiste d'abord à identifier la nature du problème. Ensuite, il est amené à poser un diagnostic. Enfin, il doit formuler des hypothèses et proposer des solutions.

Beaucoup d'entre nous, confrontés à une panne, sommes désemparés. Nous prenons la mesure de notre impuissance. Le monde matériel des choses nous résiste. L'illusion de puissance que nous pouvions ressentir sur la

1. *Ibid.*, p. 136.

route en conduisant finit par craquer en se heurtant à l'épreuve de la réalité dès que le moindre problème survient. Une roue qui crève et nous voilà complètement démunis. Pour Matthew Crawford, cette situation d'ignorance nous apprend quelque chose sur notre rapport au monde. Faire usage des choses, les consommer, ce n'est pas savoir les maîtriser. La véritable puissance se mesure lorsque nous sommes capables de prendre soin des choses que nous utilisons. Or, prendre soin des choses ne signifie pas seulement bichonner sa moto ou sa voiture quand tout est en ordre. Prendre soin des choses, c'est être aussi capable de les réparer soi-même quand elles nous lâchent.

Mais réparer une voiture ou une moto nécessite un savoir-faire exigeant. Pour des raisons de sécurité évidentes, c'est, tout de même, plus rassurant de confier cela à un professionnel. Crawford ne dit évidemment pas que chacun devrait réparer son propre véhicule, auquel cas il devrait mettre la clé de son garage sous la porte. Mais ce qu'il dénonce, c'est notre rapport abstrait au monde.

Le consumérisme conjugué à une économie de la connaissance, qui méprise les métiers manuels et valorise les parcours intellectuels, implique un désinvestissement des hommes dans leur rapport concret aux choses.

Notre usage des choses se réduit à leur consommation. Si l'une d'elles ne fonctionne plus, on a tendance à la remplacer. À la différence du mécanicien qui s'intéresse aux choses au moment précis où elles ne fonctionnent plus, le consommateur ordinaire, lui, ne s'intéresse à elles que quand elles fonctionnent.

Notre passivité et notre dépendance face aux objets contribuent selon Crawford à nous rendre « stupides ». Le développement de notre intelligence suppose d'être au contact de la matière. Matthew Crawford n'incite pas tout le monde à devenir mécanicien. En revanche, il nous invite à renouer avec notre environnement, c'est-à-dire le monde matériel dans lequel nous évoluons. Qu'importe le choix de notre activité ! Réparer une moto, tricoter un pull ou cultiver son jardin ont en commun de nous rendre sensibles à ce qui nous entoure et acteurs de notre existence.

En aiguisant notre attention dans une activité manuelle en particulier, la réparation de motos par exemple, on prend conscience plus largement de la valeur des autres activités. Le mécanicien mesure la valeur du travail d'un horloger ou d'un agriculteur.

Plus largement, Matthew Crawford en appelle à « une éthique de la réparation ou de l'entretien » dont les enjeux sont existentiels et visent à « retrouver le monde que nous avons perdu » pour paraphraser le sous-titre de la traduction française de son livre *Contact*.

Pour Matthew Crawford, la philosophie a tout à gagner à être du côté du faire.

Le mécanicien-philosophe reconduit l'exercice de la pensée à sa source première : l'expérience. Matthew Crawford ne se contente pas de dénoncer l'opposition classique entre les arts libéraux et les arts mécaniques en affirmant la légitimité de chacun de ces arts. Il va plus loin encore en affirmant que les arts mécaniques mobilisent le travail de la pensée. Le sens du problème, la capacité à prendre au sérieux la résistance des choses et la supériorité cognitive de l'attention tendent, d'une certaine façon, à faire de la réparation des motos une activité philosophique.

En réparant des motos, le mécanicien ne fait pas que prendre soin des choses, il prend aussi soin de lui-même et de son rapport au monde.

Tirons jusqu'au bout le fil du paradoxe : si la pensée ne se déploie jamais mieux que dans son rapport concret à la matière et au faire, le philosophe accompli n'est donc pas le sage isolé dans sa retraite, mais celui qui, depuis son garage, a la tête dans le cambouis.

Pour aller plus loin :

Matthew Crawford, *Éloge du carburateur. Essai sur le sens et la valeur du travail*, trad. par Marc Saint-Upéry, Paris, La Découverte, 2010.

Matthew Crawford, *Contact. Pourquoi nous avons perdu le monde, et comment le retrouver ?*, trad. par Marc Saint-Upéry et Christophe Jaquet, Paris, La Découverte, 2016.

Matthew Crawford, *Prendre la route. Une philosophie de la conduite*, trad. par Marc Saint-Upéry et Christophe Jaquet, Paris, La Découverte, 2021.

Émilie du Châtelet, physicienne

On connaît surtout « Mme du Châtelet », compagne de Voltaire et traductrice des Principes mathématiques de la philosophie naturelle *de Newton. Mais derrière celle-ci, il est grand temps de découvrir Émilie du Châtelet (1706-1749), une philosophe et l'autrice d'une œuvre scientifique importante.*

Émilie du Châtelet, née en 1706, est surtout connue pour sa traduction des *Principes mathématiques de la philosophie naturelle* de Newton, quand ce n'est pas pour avoir été la maîtresse de Voltaire. Celle que la tradition appelle Mme du Châtelet, comme pour mieux occulter sa singularité et son originalité, est, en réalité, l'autrice, en son nom propre, et devrait-on dire aussi en son prénom propre, de nombreux ouvrages, tels que les *Institutions de physique* publiées en 1740, un *Discours sur le bonheur* paru en 1779, soit cinquante ans après sa mort, un *Traité sur les couleurs* ou encore une *Anatomie de l'oreille* et une *Anatomie de l'œil.*

Limiter son travail à une activité de traductrice, ce n'est pas seulement méconnaître ses ouvrages, c'est aussi se méprendre sur sa pratique de la traduction, laquelle ne se réduit pas à transcrire fidèlement le discours d'un autre, mais à entrer en dialogue avec la personne que l'on traduit.

Traduire Newton, ce n'est pas s'effacer devant lui, c'est se poser en interlocutrice savante et informée.

Ce qui distingue la philosophie des sciences d'Émilie du Châtelet, c'est d'associer deux mouvements de pensée que l'histoire des sciences a opposés en les séparant radicalement : d'un côté, la métaphysique, en particulier celle de Leibniz ; de l'autre, la physique de Newton, fondée sur le refus d'imaginer des hypothèses – « *hypotheses non fingo* » (« je ne forge pas d'hypothèse »).

Or, Émilie du Châtelet démontre que l'étude des phénomènes de la nature, la physique, requiert le concours de certains principes hérités de la métaphysique, en premier lieu le principe de raison suffisante formulé par Leibniz ; principe selon lequel tout effet s'explique par une cause et que « rien ne se produit sans raison suffisante pour laquelle il en est ainsi et non autrement[1] ». Les deux prétendus ennemis, Leibniz et Newton, ne sont donc pas si irréconciliables. La recherche de la vérité nécessite à la fois le recours à l'expérience et à l'observation et l'activité rationnelle de l'entendement qui doit forger des hypothèses et les mettre à l'épreuve de la réalité. Comme elle l'écrit dans ses *Institutions de physique*, la science ne peut pas se passer d'hypothèses. De même qu'une maison en construction a besoin d'échafauds, la science a besoin d'hypothèses, lesquelles, si l'on veut, sont les échafauds de la pensée.

Émilie du Châtelet s'est aussi attachée à définir les principes de la science et de la méthode scientifique. Sa démarche est à la fois scientifique et épistémologique.

1. Lettre de Leibniz à Arnauld du 14 juillet 1686, *in* Gottfried Wilhelm Leibniz, *Discours de métaphysique et correspondance avec Arnauld*, Paris, Vrin, 1970, p. 122.

Définir les conditions de la scientificité, c'est se situer en amont de la recherche pour pouvoir s'y engager en aval. Avant de chercher la vérité, il faut fixer la méthode qui va orienter la recherche. Sa démarche est de part en part philosophique. Émilie du Châtelet n'est pas uniquement une philosophe des sciences : elle est une philosophe au plein sens du terme. Dans l'Avant-propos de ses *Institutions de physique*, elle condamne ce qu'elle appelle l'« esprit de parti », c'est-à-dire cette attitude intellectuelle, ou plutôt anti-intellectuelle, qui consiste à s'enfermer dans son positionnement et ses idées. Dans un siècle où l'on promeut l'exigence de penser par soi-même, Émilie du Châtelet rejette fermement toute forme de dogmatisme, comme toute forme d'autorité. La vérité n'a pas de nom, fût-il celui de Newton, et l'universalité de la science exclut que l'on prenne le parti d'un auteur en raison d'un amour patriotique. La raison n'a pas de frontières. Ajoutons que la vérité n'a pas non plus de sexe ou de genre et que les femmes ont droit de cité dans la recherche scientifique, comme dans tout autre domaine.

Mais penser par soi-même ne signifie pas penser seule. Tout à l'inverse, penser par soi-même suppose un constant dialogue avec celles et ceux qui nous ont précédés comme avec nos contemporains. Son travail n'est donc pas une compilation d'auteurs dont elle présenterait un résumé. Tous les auteurs avec qui elle dialogue, Gottfried Wilhelm Leibniz, Christian Wolff, Isaac Newton, sont autant de penseurs à qui elle se confronte pour mieux construire sa pensée. Même d'un mauvais livre, écrit-elle, il est possible de tirer quelque chose de bon. Symétriquement, tout bon livre comporte toujours ses lignes de fragilité.

À l'esprit de parti, Émilie du Châtelet oppose l'esprit de raison, celui-là même que l'on refusait aux femmes dans un siècle qui se piquait d'égalité et de liberté et qui, pourtant, les excluait des sciences.

Tirons jusqu'au bout le fil de l'hypothèse : l'orgueil du sexe par lequel les hommes ont invisibilisé les femmes et étouffé leur voix dans l'histoire et, en l'espèce, dans l'histoire des sciences et de la pensée, montre, *a contrario*, combien Émilie du Châtelet fut une inventrice, une philosophe et une brillante savante ; si brillante qu'elle risquait de faire de l'ombre aux hommes. Mais aujourd'hui, il est grand temps de l'écouter. Sans autre parti pris que celui de la raison.

Pour aller plus loin :

Émilie du Châtelet, *Institutions de physique* [1740], Paris, Dunod, 2005.

Émilie du Châtelet, traduction des *Principia mathematica philosophiae naturalis* d'Isaac Newton, éd. de Michel Toulmonde, Ferney-Voltaire, Centre international d'étude du XVIIIe siècle, 2015.

Anne-Lise Rey, « Le leibnizo-newtonianisme : la construction d'une philosophie naturelle complexe dans la première moitié du XVIIIe siècle. La méthode d'Émilie du Châtelet entre hypothèses et expériences », *Dix-huitième siècle*, n° 45, 2013, p. 115-129.

Anne-Lise Rey (dir.), *Revue d'histoire des sciences*, n° 74-2, numéro « Émilie du Châtelet, philosophe des sciences », Paris, Armand Colin, 2021.

Michel de Montaigne, maire

L'illustre auteur des Essais, *Michel de Montaigne (1533-1592), devient maire de Bordeaux, sans l'avoir voulu, de 1581 à 1585. Pourtant, il exerce cette responsabilité avec soin tout en refusant de se donner entièrement aux charges publiques afin de préserver son espace de liberté ou ce qu'il appelle son « arrière-boutique ».*

Le 1er août 1581, Montaigne est élu maire de la ville de Bordeaux qui compte 40 000 habitants environ, ce qui en fait la cinquième plus grande ville de France.

À cette époque l'élection municipale se fait en deux temps. D'abord, le maire est élu par un vote de six jurats, qui sont des représentants de la noblesse, de la bourgeoisie et des robins (c'est-à-dire des avocats et des magistrats). Ensuite, le roi de France, en cette période

Henri III, ratifie l'élection en nommant le maire.

Mais l'élection de Montaigne comme maire de Bordeaux n'a rien d'une histoire ordinaire et banale. Montaigne n'a alors pas fait campagne pour être élu et n'a nullement le désir de devenir maire. Ses ambitions personnelles l'inclinent plutôt à devenir ambassadeur, et son élection se fait, si l'on peut dire, « par contumace ». Il avait si peu le désir d'être maire qu'au moment de son élection Montaigne est en Italie. Peu pressé de rentrer en France, il met quarante-cinq jours pour faire à cheval les 1 550 km qui le séparent des terres bordelaises, alors qu'il faut deux fois moins de temps pour faire ce trajet.

Son manque d'entrain contraste avec la détermination des jurats qui l'ont élu à l'unanimité et avec celle, encore plus nette, du roi Henri III qui, dans une lettre que Montaigne lit à son retour chez lui le 25 novembre 1581, lui enjoint d'assumer cette fonction. Or, on ne refuse rien au roi de France. C'est contre son gré que le philosophe finira par accepter cette charge publique. Et, en l'espèce, le mot « charge » est à prendre dans toutes ses significations.

Dans les *Essais*, Montaigne revient sur son expérience de maire de Bordeaux, dont il dit qu'elle fut étrangère à sa véritable nature. C'est en ce sens qu'il écrit : « Le Maire et Montaigne ont toujours été deux, d'une séparation bien claire[1]. »

Cette séparation ne doit pas se comprendre comme une séparation entre vie publique et vie privée, comme nous l'entendons aujourd'hui. Cette séparation est l'expression d'une distance intérieure à l'endroit des choses publiques et municipales. Cette mise à distance se manifeste aussi concrètement dans son rapport à la ville de Bordeaux puisqu'il refuse, pendant plusieurs mois, de s'y installer, préférant vivre dans son château situé à 42 km, soit à cinq heures à cheval.

Cette absence d'intérêt pour la fonction de maire paraît peu compatible avec ses exigences.

1. Michel de Montaigne, *Essais*, livre III, chap. X, éd. de Villey-Saulnier, Paris, PUF, 2004, p. 1012.

Pourtant, il est réélu en 1583. Montaigne aura exercé deux mandats. Un premier de 1581 à 1583, relativement tranquille, puis un second de 1583 à 1585, plus compliqué en raison principalement des conflits religieux qui opposent les protestants et les catholiques et qui se sont aggravés. Montaigne est catholique, mais il est aussi proche des protestants : parmi ses frères et sœurs, on trouve aussi bien l'une et l'autre confession. Si son histoire familiale est peu banale, elle contribue sûrement à l'écarter de tout fanatisme.

Dans une période aussi agitée, mettre à la tête de la ville un philosophe de la trempe de Montaigne permet d'apaiser les tensions et de trouver des compromis. Mais son activité de maire ne se réduit pas à négocier des accords entre des groupes religieux rivaux. Montaigne est aussi un gestionnaire qui doit équilibrer les finances publiques ou ce que l'on appelait joliment la « contablerie ». Bordeaux est une ville portuaire, si bien que la vie économique de la cité repose beaucoup sur la circulation des marchandises. L'un des épineux problèmes que Montaigne doit traiter concerne la fiscalité. Les marchandises qui traversent la ville sans s'y arrêter ne sont pas soumises à des taxes, à la différence de celles qui sont vendues à Bordeaux. En conséquence, de nombreux marchands tentent de frauder, ce qui crée de vives tensions.

La gestion de ces différents conflits doit beaucoup à la position tout en retenue de Montaigne. Humaniste, il ne se sentait pas passionnément et personnellement impliqué dans les affaires de la municipalité. Dans le chapitre « De ménager sa volonté » que nous avons évoqué, Montaigne explique qu'il s'est toujours tenu à l'écart des passions qu'engendrent les discussions publiques. Il est indifférent, et cette indifférence confère à son jugement une certaine hauteur. Ce sont souvent nos intérêts personnels qui nous aveuglent et que l'on déguise parfois sous le nom de bien commun. Montaigne, au-dessus de la mêlée, est donc le plus capable de *démêler* les situations de crise. L'indifférence ne conduit donc pas toujours à l'inaction. Il y a une sagesse de l'indifférence qui permet d'éclairer certaines décisions.

En un sens, Montaigne réalise la figure idéale du philosophe-roi que décrit Platon dans la *République* : qui gouverne la Cité doit être dépourvu de tout désir de pouvoir.

Montaigne ne désire pas le pouvoir. De ce point de vue, le philosophe-maire se rapproche du philosophe-roi de Platon. Mais, chez Platon, le philosophe-roi est une figure omnisciente. Rien de tel chez Montaigne, marqué par le scepticisme qui joue un rôle important aussi bien dans sa pensée que dans sa manière de vivre.

En prenant ses fonctions de maire pour la première fois, Montaigne prononce un étonnant discours sous forme d'autoportrait. Il dit : je suis « sans mémoire, sans vigilance, sans expérience et sans vigueur ». On est loin des professions de foi de nos candidats d'aujourd'hui !

Tirons jusqu'au bout le fil du paradoxe : on loue souvent l'engagement des femmes et des hommes qui œuvrent pour le bien commun au point parfois de délaisser leur vie personnelle. Montaigne fait peut-être la preuve du contraire :

pour bien s'occuper du bien commun, il convient précisément de ne pas s'en préoccuper.

Pour aller plus loin :

Philippe Desan, *Montaigne. Une biographie politique*, Paris, Odile Jacob, 2014.
Dimitri El Murr, *Savoir et gouverner. Essai sur la science politique platonicienne*, Paris, Vrin, 2014.
Michel de Montaigne, *Essais*, livre III, chap. X, « De ménager sa volonté », éd. de Pierre Villey, Paris, PUF, 1992, p. 1002-1024.

Dominique Méda, haute fonctionnaire

Philosophe de terrain, Dominique Méda (née en 1962) conçoit les idées à l'aune de leur puissance de transformation. Ses nombreuses années passées dans la haute fonction publique ont contribué à nourrir sa recherche, ainsi que son engagement intellectuel et politique.

Dominique Méda consacre depuis longtemps sa réflexion au thème du travail. Cette réflexion a pris un tournant majeur en 1995 à l'occasion de la parution de son livre fondateur, et au titre provocateur, *Le Travail, une valeur en voie de disparition ?*[1]

1. Dans l'édition originale datée de 1995, le titre ne comporte pas de point d'interrogation. L'autrice en ajoutera un dans les éditions ultérieures. Loin d'être un simple détail, ce geste traduit toute la dimension dynamique et critique de sa réflexion sur le travail.

Mais tournant majeur ne signifie pas origine ou commencement. Après ses études de philosophie et des recherches sur la philosophie de la nature chez Schelling et Spinoza, Dominique Méda éprouve le besoin de « bifurquer ». Après avoir été reçue à l'ENA en 1987, la philosophe intègre l'Inspection générale des Affaires sociales (l'IGAS), le corps d'inspection des ministères du Travail, de l'Emploi, de la Santé et des Affaires sociales. Sa première mission consistera à s'assurer que la prime décidée par le gouvernement Rocard à la suite du grand mouvement de grève de 1988 a bien été versée. C'est dire combien son rapport au travail n'est pas seulement abstrait et intellectuel, mais aussi le fruit d'une confrontation directe, presque expérimentale, avec le réel.

En œuvrant au sein des grands corps de l'État, Dominique Méda n'abandonne pas la vie de la pensée pour mener une existence bureaucratique. Non seulement elle est impliquée dans la rédaction d'un ouvrage collectif, un manuel sur les *Politiques sociales* à destination des étudiants, mais, de surcroît, elle sera amenée, à travers son expérience de haute fonctionnaire, à se familiariser avec la sociologie lorsqu'elle rejoindra le ministère du Travail en 1993. Elle anime à la DARES (la Direction de l'animation, de la recherche, des études et des statistiques), qui vient d'être créée par Martine Aubry pour faire contrepoids à l'expertise du ministère des Finances, le Comité des programmes et la Mission animation de la recherche chargée de faire le lien entre le milieu de la recherche et l'administration.

Il faut aussi ajouter cette anecdote qu'on regretterait de passer sous silence : en 1992, Dominique Méda suit dans les sous-sols du ministère de la Recherche un séminaire sur le capitalisme, le marxisme et le travail dirigé par Jean-Marie Vincent et Toni Négri. Dominique Méda accomplit-elle ici le vœu de Platon dans la *République* ? Le philosophe doit redescendre dans la caverne pour éveiller les consciences. Dominique Méda, elle, descend dans les sous-sols du ministère pour aiguiser sa propre conscience.

Le travail est bien plus que le travail : concept prétexte et concept précepte.

Si le travail est un thème central de son œuvre, il n'est pas, pour autant, le point névralgique de sa pensée. Le travail, pour Dominique

Méda, apparaît bien plutôt comme un concept prétexte et le concept précepte par lesquels elle nous propose une analyse critique des inégalités sociales et économiques qui gangrènent nos sociétés. S'interroger sur la place du travail dans la société, c'est, par exemple, mettre au jour les mécanismes qui rendent possibles les inégalités salariales entre les hommes et les femmes, c'est souligner les disparités des conditions de travail. C'est, aussi, s'interroger sur l'importance des questions environnementales. Le travail, comme concept-prétexte, vise donc plus largement à dénoncer la mainmise de l'économie sur le politique et le social et à critiquer vigoureusement l'idée que la croissance puisse être le seul indicateur des richesses. Cette approche critique et normative ne s'arrête pas chez elle à une entreprise de dénonciation. C'est en ce sens que le travail est aussi un concept précepte.

Connaître la situation sociale dans laquelle nous vivons doit nous guider dans les orientations à prendre pour transformer la société au profit des citoyens et des citoyennes, et non au profit de l'économie dont le logiciel actuel est tel que la mesure de sa vitalité dépend de la domination du plus grand nombre et des plus précaires. Il faut retrouver le sens du politique et de la délibération collective.

Tirons jusqu'au bout le fil du paradoxe : pour Dominique Méda, la philosophie n'est pas une valeur en voie de disparition. Tant s'en faut ! Mais il nous revient alors de penser l'activité philosophique au-delà de la recherche privée d'une sagesse personnelle, au profit d'une volonté de transformer le monde.

Pour aller plus loin :

Dominique Méda, *Le Temps des femmes. Pour un nouveau partage des rôles*, Paris, Flammarion, 2008.
Dominique Méda et Sarah Abdelnour, *Les Nouveaux Travailleurs des applis*, Paris, PUF, 2019.
Dominique Méda, Julie Battilana, Isabelle Ferreras, *Le Manifeste Travail. Démocratiser, démarchandiser. Dépolluer*, Paris, Seuil, 2020.
Dominique Méda, *Le Travail, une valeur en voie de disparition ?*, Paris, Flammarion, 2021.
Dominique Méda, *Le Travail*, Paris, PUF, coll. « Que sais-je ? », 2022.

Plutarque, prêtre d'Apollon

Plutarque (46 apr. J.-C.-125 apr. J.-C.) est principalement connu pour ses Vies parallèles, best-seller *de la Renaissance et de l'âge classique. Ses traités sur les animaux ont aujourd'hui la faveur d'un large public. Mais Plutarque était aussi prêtre du sanctuaire d'Apollon à Delphes. Il s'occupait de l'interprétation des oracles de la pythie, dont il déplorait qu'ils se raréfient avec le temps.*

Le métier de Plutarque est, pour nous, aujourd'hui, bien surprenant. Pour comprendre ce que signifie être prêtre d'Apollon, il nous faut mettre entre parenthèses toutes nos représentations sur la prêtrise. Être prêtre d'Apollon n'a rien à voir avec le fait d'être prêtre au sein de l'Église catholique. Plutarque appartient à une culture où domine le polythéisme religieux : chaque cité célèbre son propre dieu, mais la foi au dieu de sa cité n'exclut pas que l'on reconnaisse l'existence des dieux des autres cités.

Comme tout prêtre dans un monde qui est encore largement polythéiste, Plutarque est chargé de superviser les cérémonies, les processions ou encore les sacrifices ; il doit également faire respecter les rites. Plutarque est un défenseur de la « piété traditionnelle ». Croire au dieu de sa cité, en l'espèce Apollon, c'est s'inscrire dans l'ordre social et politique de la cité. La croyance relie tout autant les êtres humains entre eux qu'elle les relie à leurs divinités. Respecter la tradition revient alors à maintenir la cohésion du groupe social. Ce n'est donc sûrement pas un hasard si le prêtre occupe aussi des fonctions politiques. Par ses responsabilités religieuses, Plutarque est, notamment, chargé d'organiser les Jeux pythiques, l'équivalent des Jeux olympiques.

Parmi les missions essentielles du prêtre d'Apollon, il faut également compter l'interprétation des oracles de la pythie. Le dieu Apollon livrait à la pythie les messages qu'il voulait adresser aux hommes. Comme dans la religion catholique, le prêtre a une fonction d'intermédiaire entre les hommes et Dieu. Mais ce qui les distingue, c'est que, dans le catholicisme, par la confession, le croyant s'adresse à Dieu par l'intermédiaire du prêtre, tandis que, dans le polythéisme antique, c'est le dieu qui s'adresse aux hommes via différents intermédiaires, la pythie dans le cas d'Apollon, et c'est au prêtre qu'il incombe d'interpréter et de déchiffrer les messages divins.

Ce qui trouble et perturbe notre conscience contemporaine, c'est qu'il est difficile de comprendre comment un philosophe rationnel a pu s'adonner à un travail d'interprétation de signes.

La pratique de la mantique, qui consiste à lire la vérité divine dans les entrailles des animaux sacrifiés ou bien encore en interprétant le vol des oiseaux, relève, pour nous, d'un archaïsme étranger à toute forme de rationalité. Plutarque, comme philosophe, s'efforce pourtant de dégager la rationalité implicite qui est contenue dans ces rites traditionnels, dont il est par ailleurs garant en tant que prêtre.

Comme il l'écrit : « Nous devons prendre pour guide le raisonnement philosophique, examiner et comprendre avec piété chaque récit et chaque acte rituel, de sorte que [...] nous évitions de nous fourvoyer et d'interpréter à contresens les excellentes prescriptions du cérémonial des sacrifices et des fêtes[1]. » Il y a donc une pensée et une intelligence inhérentes aux rites traditionnels et le philosophe-prêtre doit les découvrir.

Cela peut se comprendre si l'on admet que la raison n'est pas une faculté déracinée et détachée de son ancrage historique. Si l'interprétation des signes est aujourd'hui reléguée, dans la culture occidentale, à l'astrologie ou à des formes occultes de mysticisme, ce travail, dans la conscience grecque de l'époque, est des plus sérieux. Les signes que le prêtre doit interpréter n'ont rien à voir avec la superstition ou les miracles que Plutarque condamne vigoureusement au même titre que l'athéisme.

1. Plutarque, *Sur Isis et Osiris*, 378 B, trad. par Christian Froidefond, cité par Dominique Jaillard *in* « Plutarque et la divination : la piété d'un prêtre philosophe », *Revue de l'histoire des religions*, n° 2, 2007, p. 161.

Il ne s'agit pas seulement de dire, même si cet argument est essentiel, que c'est une question d'époque. Plus fortement, il nous faut comprendre que la raison est inséparable de la croyance, mais pas de n'importe quel type de croyance. Nos sociétés fondées sur le rationalisme scientifique sont appuyées elles aussi sur des croyances : par exemple, celle de la validité des procédures de vérification scientifique. Mais ces croyances sont rationnelles, elles s'offrent à la discussion et peuvent être rectifiées. Le développement de l'histoire ne met pas un terme aux croyances : ce qui change, c'est leur centre de gravité. On ne croit plus aux signes, mais aux preuves scientifiques par exemple.

Tirons jusqu'au bout le fil de l'interprétation : Plutarque, le célèbre auteur des *Vies parallèles* dans lesquelles il compare un héros grec et un héros romain, aura, par son existence, mené une double vie, ou plutôt deux vies parallèles : celle de philosophe et celle de prêtre d'Apollon. Contre l'évidence mathématique, les parallèles, ici, se rejoignent. À condition d'y croire…

Pour aller plus loin :

Dominique Jaillard, « Plutarque et la divination : la piété d'un prêtre philosophe », *Revue d'histoire des religions*, n° 2, 2007.

Plutarque, *Les Vies des hommes illustres*, tomes 1 et 2, trad. par Jacques Amyot, Paris, Gallimard, coll. « Bibliothèque de la Pléiade », 1937.

Plutarque, *Dialogues pythiques*, Paris, Les Belles Lettres, coll. « Budé », 1974 (contient *Sur l'E de Delphes*, *Pourquoi la Pythie ne rend plus ses oracles en vers* et *Sur la disparition des oracles*).

Paul Veyne, *L'Empire gréco-romain*, chap. x, « Les problèmes religieux d'un païen intelligent : Plutarque », Paris, Seuil, 2005.

Denis Diderot, courtier

*Denis Diderot (1713-1784), écrivain, philosophe, éditeur de l'*Encyclopédie*, est aussi critique d'art. Mais la visée de ses descriptions de tableaux n'est pas seulement esthétique. Il s'agit aussi d'atteindre d'éventuels acquéreurs.*

Diderot exerce au fil de sa vie de nombreux métiers. Il est tour à tour éditeur, critique d'art, traducteur (il parle couramment anglais), et, bien sûr, il codirige, avec d'Alembert, l'*Encyclopédie*. Ce que l'on sait moins, c'est que Diderot est aussi courtier en art. À partir de 1764, l'impératrice de Russie, Catherine II, communément appelée « la grande Catherine », décide de mettre en œuvre une vaste politique d'achat de tableaux de maîtres, lesquels sont aujourd'hui exposés au musée de l'Ermitage à Saint-Pétersbourg. Elle sollicite, entre autres, Diderot, afin qu'il la conseille dans ces achats. Parmi les acquisitions conseillées par Diderot, la plus importante, comme il l'écrit lui-même, est la collection « des Crozats » qui comporte des tableaux de grands maîtres : Raphaël, Poussin, Van Dyck.

Dans une lettre au sculpteur Étienne Falconet du 27 avril 1772, Diderot précise que l'acquisition de cette collection coûte 460 000 livres. Il est très difficile de donner un équivalent monétaire contemporain de cette somme, tant les critères de conversion sont nombreux. L'économie sous l'Ancien Régime et l'économie d'aujourd'hui n'obéissent pas aux mêmes logiques. Par ailleurs, le marché de l'art a lui-même beaucoup évolué. Mais on peut grossièrement dire que cette somme correspondrait pour nous à un peu plus de 8 millions d'euros, du moins est-ce un ordre de grandeur. Il est sans doute plus pertinent de rappeler qu'au XVIIIe siècle le salaire journalier moyen d'un maçon était de 15 sous environ ; 460 000 livres équivalent donc à plus de 600 000 journées de travail. Présentée sous cet angle, cette somme nous paraît démesurée, mais ce n'est au fond pas si monstrueux pour une collection complète, et Diderot est certainement un bon négociateur. Il prétend lui-même que la collection « des Crozats » ne coûte pas à Catherine II « la moitié de sa valeur ».

Cette activité de courtier est inséparable des comptes rendus critiques d'exposition que Diderot rédige dans ses *Salons* de 1759 à 1781. Ces brillants morceaux de critique d'art sont diffusés de façon manuscrite dans des « Lettres » que reçoivent les abonnés, ces derniers pouvant y trouver des idées d'achat.

Le XVIIIe siècle est le siècle de l'esthétique, du bon goût, mais aussi celui du commerce.

On associe volontiers le XVIIIe siècle aux idées de plaisir esthétique désintéressé et d'amour de l'art. Au siècle des Lumières, l'artiste n'est plus un artisan. Les peintres commencent à jouir d'un statut social prestigieux ; les plus brillants d'entre eux sont perçus comme des génies. Mais le XVIIIe siècle est aussi le siècle du commerce, du « doux commerce », comme dit Montesquieu. L'art n'échappe pas à la logique du marché, et il y a bel et bien un marché de l'art. Il peut paraître étonnant qu'un philosophe comme Diderot ait pu se livrer au commerce, mais, en réalité, Diderot, le courtier en art, agit en philosophe et en « anthropologue », lui qui n'est pas dupe de la nature humaine. Il sait que la vanité contribue à accroître la valeur des choses. Plus une chose favorise la distinction et attise le regard, plus elle est désirée. Les Salons de l'Académie royale de peinture n'exposent pas seulement des œuvres : les hommes s'y montrent aussi. C'est pourquoi la valeur d'un tableau dépend souvent de ce que Diderot appelle le « prix de fantaisie », lequel « dépend du nombre, de la richesse, de la vanité, de la jalousie, et de la fureur des amateurs[1] ».

Mais une exposition est aussi un lieu d'exercice pour le jugement parce que chacun peut y donner son avis. C'est dans cette perspective que Diderot conseille à celles et ceux qui fréquentent les expositions de se promener une première fois pour voir les tableaux, puis « de faire quelques tours pour entendre » les commentaires des uns et des autres.

1. Diderot à Grimm, Lettre du 13 ou 14 octobre 1776, *in* Denis Diderot, *Correspondance*, tome XIV, mai 1774-octobre 1776, Paris, Éditons de Minuit, 1968, p. 238.

Tirons jusqu'au bout le fil du paradoxe : acheter des tableaux pour l'impératrice de Russie n'est pas seulement une activité lucrative pour Diderot. Son *Encyclopédie* a pour fonction de diffuser le savoir. De la même manière, son travail de courtier appuyé sur l'écriture des *Salons* participe à la diffusion des formes nouvelles de la sensibilité artistique, lesquelles remodèlent le tableau de la nature humaine.

Pour aller plus loin :

Denis Diderot, *Œuvres esthétiques*, éd. de Paul Vernière, Paris, Classiques Garnier, 1988.

Patrick Michel, *Le Commerce du tableau à Paris dans la seconde moitié du XVIIIe siècle*, Villeneuve-d'Ascq, Presses du Septentrion, 2008.

Élise Pavy-Guilbert, « Le musée imaginaire de Diderot », *Recherches sur Diderot et sur l'Encyclopédie*, n° 50, 2015, p. 15-44.

Élisée Reclus, géographe

Géographe, anarchiste, exilé volontaire, communard, grand voyageur, philosophe, Élisée Reclus (1830-1905) a mené une existence mouvementée. Mais une constance gouverne sa vie : la fidélité à un idéal anarchiste intransigeant et généreux.

Élisée Reclus est aujourd'hui davantage connu pour ses idées libertaires et anarchistes qu'en sa qualité de géographe. De son vivant, pourtant, Élisée Reclus est mondialement connu pour ses travaux de géographe. En 1869, il édite son premier ouvrage, *La Terre. Description des phénomènes de la vie du globe*, puis, à partir de 1873, il entreprend la publication de son œuvre principale, intitulée *Une nouvelle géographie universelle. La terre et les hommes*, dont le dernier tome paraîtra en 1895. Élisée Reclus est un écrivain infatigable :

son œuvre comporte près de 18 000 pages et 4 290 cartes.

Jusqu'à la fin du XIXe siècle, la géographie n'a pas encore en France le statut de discipline universitaire. Les connaissances géographiques dépendent alors très largement de structures sociales, commerciales et politiques. Cartographier le monde a pour fonction principale de servir les intérêts économiques et les objectifs militaires d'une nation.

Il est donc étonnant de voir qu'un penseur anarchiste comme Élisée Reclus peut s'aventurer sur ce terrain. On s'attendrait plutôt à ce qu'il consacre son activité d'écrivain à publier des textes politiques et des analyses critiques de la société de son temps.

C'est au cours de ses nombreux voyages, en Europe, aux États-Unis ou en Amérique du Sud, que son désir de devenir géographe prend forme. Voyager est pour lui une méthode de travail et d'écriture.

Comme il l'écrit : « Après de longues recherches dans la poussière des bibliothèques, je revenais toujours à la grande source et ravivais mon esprit dans l'étude des phénomènes eux-mêmes[1]. »

La géographie d'Élisée Reclus n'est pas une science abstraite qui isolerait les éléments pour les analyser de manière séparée. La végétation, les phénomènes géologiques ou encore les mouvements migratoires sont autant de phénomènes qui doivent être pensés dans leurs interactions concrètes. Reclus refuse le « déterminisme géographique » qui réduit le milieu à un seul élément (la végétation par exemple). La géographie est une science des interactions, car « tout milieu est infiniment complexe[2] ». Cette étude savante appelle aussi une approche sensible. L'espace dans lequel les êtres humains évoluent n'est pas l'espace neutre du géomètre. Notre milieu naturel n'est pas non plus un espace cloisonné, comme les frontières politiques pourraient le laisser penser. Habiter la Terre, c'est être sans cesse en rapport avec ses voisins proches, comme

1. Élisée Reclus, *La Terre. Description des phénomènes de la vie du globe*, vol. 1, « Les continents », Paris, Hachette, 1874, p. 11.

2. Élisée Reclus, *L'Homme et la Terre*, tome I, Paris, Librairie universelle de Paris, 1905, p. 115.

avec ceux qui sont plus éloignés. À cet égard, la pensée de Reclus contient une dimension écologique très importante, que l'on commence aujourd'hui à mieux mesurer.

C'est sans doute dans sa prise en compte de l'influence de l'activité humaine sur la Terre que l'anarchiste et le géographe se rencontrent.

Il serait anachronique de parler d'anthropocène. Mais, dans de nombreux passages de son œuvre, Élisée Reclus anticipe les travaux des scientifiques et des philosophes d'aujourd'hui portant sur les effets néfastes de nos modes de vie.

Élisée Reclus, l'anarchiste, conteste l'ordre politique et social fondé sur la conquête. Ce qu'il condamne, c'est une conception restrictive de la nature selon laquelle la lutte pour la vie et la rivalité seraient des normes exclusives et absolues. Il y a aussi dans la vie terrestre des réseaux de solidarité et d'entraide sans lesquels, écrit-il, « la vie même serait impossible[1] ».

1. *Ibid.*, p. 142.

Tirons jusqu'au bout le fil du paradoxe : Élisée Reclus, dans l'ensemble de son œuvre, ne cesse de louer la beauté de la nature et de dire sa confiance en une nature harmonieuse. Il a écrit une belle *Histoire d'un ruisseau.* Une telle position ne fait-elle pas du géographe anarchiste le plus grand amoureux de l'ordre ?

Pour aller plus loin :

Béatrice Giblin, « Élisée Reclus : un géographe d'exception », *Hérodote*, n° 117, 2005.

Yves Lacoste, « Élisée Reclus, une très large conception de la géographicité et une bienveillante géopolitique », *Hérodote*, n° 117, 2005.

Élisée Reclus, *L'Homme et la Terre*, préface et choix des textes par Béatrice Giblin, Paris, La Découverte, 1998.

Élisée Reclus, *Histoire d'un ruisseau*, Arles, Actes Sud, 2005.

Henri Bergson, diplomate

Henri Bergson (1859-1941), l'exemple même du philosophe voué à la recherche et à l'écriture, accepte en 1917 une mission du gouvernement français pour convaincre les États-Unis d'entrer en guerre contre l'Allemagne. Il réussira. C'est aussi résolument qu'il s'engagera, la paix venue, dans l'effort de coopération intellectuelle internationale mené par la Société des Nations.

Né à Paris en 1859, Henri Bergson est l'un des philosophes français les plus importants du XXe siècle. Professeur au Collège de France, Bergson jouit de son vivant d'une aura exceptionnelle, aussi bien parmi les philosophes que dans le grand public.

Bergson parle aussi couramment l'anglais que le français. C'est notamment pour sa maîtrise de la langue anglaise que le président de la

République, Raymond Poincaré, et le chef du gouvernement français, Aristide Briand, mandatent Bergson pour convaincre le président des États-Unis, Woodrow Wilson, d'entrer en guerre contre l'Allemagne. La mission de Bergson dure quatre mois, de février 1917 à mai 1917. Elle est couronnée de succès, au-delà des espérances du gouvernement français qui ignorait si les États-Unis s'en tiendraient à une aide militaire et financière ou bien s'ils enverraient des troupes en Europe rejoindre les Alliés.

En 1917, Bergson est l'auteur de plusieurs ouvrages, l'*Essai sur les données immédiates de la conscience* ; *Matière et mémoire* ; *L'Évolution créatrice*. Mais l'heure n'est plus au travail introspectif, elle est à l'engagement et à l'action. Bergson doit mettre son œuvre en suspens.

Il parvient à convaincre Wilson d'envoyer « un immense réservoir d'hommes », comme il l'écrit dans un message envoyé par télégraphe au gouvernement français.

Pourtant, Bergson a beaucoup hésité avant d'accepter cette mission. Étonnamment, il s'est laissé convaincre par un diplomate français, Jules Cambon, qui lui aurait dit que son départ aux États-Unis était une mission dangereuse et risquée. Face au danger, la plupart des hommes sont naturellement enclins à fuir. Rien de plus normal. Mais pour ce philosophe hors du commun, le danger est un appel.

Bergson a aussi contribué à la naissance de la Société des Nations, la SDN, à laquelle l'ONU a succédé.

La création de la Société des Nations, destinée à « promouvoir la coopération internationale et obtenir la paix et la sécurité », est décidée par le traité de Versailles signé le 28 juin 1919. Elle doit beaucoup à Bergson. Il y a présidé la Commission internationale de coopération intellectuelle, dans laquelle siégeaient aussi Marie Curie et Einstein. Cette commission, ancêtre de l'UNESCO, avait pour fonction d'établir un état des lieux de la vie scientifique et intellectuelle dans le monde, de faciliter les échanges entre les savants, de préserver le patrimoine. Elle avait aussi pour ambition de mettre sur pied une bibliothèque internationale dans laquelle seraient recensés tous les travaux et toutes les recherches menés aux quatre coins du globe.

On comprend alors comment se nouent chez Bergson son travail de diplomate et son activité de philosophe. La pensée n'est pas neutre, et l'on sait combien certains travaux scientifiques peuvent avoir un usage néfaste et conduire à des catastrophes.

Lors de la séance du 13 septembre 1922, la commission présidée par Bergson sollicite, je cite, « les savants du monde entier pour les prier de rendre publiques leurs découvertes sur les gaz toxiques, afin de réduire au minimum la probabilité de leur emploi dans une guerre future ». C'est une réponse aux ravages meurtriers qu'ont faits les gaz toxiques pendant la Grande Guerre. La science n'est jamais neutre, Bergson le sait.

Quelque chose de l'idéal de la SDN transparaît dans le dernier livre de Bergson, *Les Deux Sources de la morale et de la religion*, publié en 1922, quand il explique que la démocratie exprime et exige un fond de mysticisme qui dépasse l'ordre de l'intérêt bien compris.

Tirons jusqu'au bout le fil du paradoxe : la langue du diplomate est souvent considérée comme une langue de la dissimulation à l'opposé de celle du philosophe qui se distingue par sa vérité et son authenticité. Mais Bergson le diplomate n'aura jamais trahi Bergson le philosophe. C'est sans doute la clé de son succès.

Pour aller plus loin :

Henri Bergson, *Mélanges*, éd. de André Robinet, Paris, PUF, 1972.
Henri Bergson, *Les Deux Sources de la morale et de la religion*, Paris, PUF, 2013.
Philippe Soulez, *Bergson politique*, Paris, PUF, 1989.
Philippe Soulez et Frédéric Worms, *Bergson*, Paris, PUF, 2002.

Guillaume Martin, cycliste professionnel

Le Tour de France offre matière à philosopher : c'est ce que pense Guillaume Martin (né en 1993), cycliste professionnel, philosophe et auteur de plusieurs livres consacrés à la philosophie du vélo.

Le Tour de France n'est pas seulement un événement sportif qui s'est imposé dans notre paysage social et culturel. Il n'est pas non plus réductible à cet événement annonciateur de la saison estivale et des vacances. Le Tour de France est aussi l'occasion de mettre la philosophie au défi. C'est ce qu'entreprend dans son œuvre Guillaume Martin, connu à la fois pour être un cycliste professionnel et pour son activité de philosophe. Guillaume Martin pratique donc, sur son vélo, l'ascension des cols et, sur son bureau, l'ascension de l'esprit ou de l'âme dans la sphère des Idées, ce que Platon dans la *République* appelle l'*anodos*.

Cette double ascension n'implique aucune séparation entre le corps et l'esprit. Si je puis dire, le corps a *sa* raison que la raison ne doit pas ignorer. Guillaume Martin s'insurge contre une certaine vulgate philosophique selon laquelle le corps, en particulier le corps du sportif, serait une sorte de machine écervelée. Dans son ouvrage *Socrate à vélo*, il affirme que l'activité sportive requiert non seulement l'intelligence, mais, de surcroît, une double intelligence : d'un côté, une intelligence théorique grâce à laquelle, entre autres, le sportif doit connaître et maîtriser les règles et mettre en place des stratégies. D'un autre côté, une intelligence pratique qui lui permet d'« incorporer » des gestes et des habitudes que le sportif mobilise instinctivement, notamment dans des situations périlleuses, telles qu'une chute. D'après lui, si cette forme d'intelligence n'est pas reconnue, ce n'est pas uniquement en raison de nos préjugés intellectualistes, mais cela tient, comme il l'explique, à la nature même de cette intelligence de l'ombre. Acquérir des gestes réflexes suppose un entraînement rigoureux qui échappe aux simples spectateurs que nous sommes. Nous y voyons un geste naturel là où le sportif de haut niveau a acquis ce geste au prix d'une ascèse et d'une discipline rigoureuse. Tel est le paradoxe du « génie sportif », comparable à celui que Nietzsche relevait au sujet du génie artistique : le chef-d'œuvre donne à voir une production finie et achevée dont l'unité harmonieuse efface tout le travail laborieux accompli dans l'atelier. Plus une chose nous paraît facile et simple, plus les ressorts qui la soutiennent sont complexes.

Mais, à la différence d'une œuvre d'art, la performance sportive est soumise à une logique de la compétition et de la « gagne ».

Celui que l'on appelle le vélosophe ou le cyclosophe n'est pas tant un penseur du vélo qu'un penseur du sport en tant que tel. Le vélo dont il parle est autre chose que le mode de transport que nous utilisons pour nous balader ou pour aller au travail. Les analyses de Guillaume Martin sont essentiellement centrées sur sa pratique de cycliste de haut niveau. Cette dimension sportive implique tout un écosystème où le rapport à soi et à l'autre est vécu sous le mode du dépassement de soi, au prix d'exercices douloureux. Guillaume Martin décrit la dureté des séances d'entraînement qu'il parvient à alléger, écrit-il, en accompagnant ses exercices par l'écoute de France Culture ! Ce dépassement de soi-même par soi-même ne vise pas seulement à éprouver ses propres limites. Il s'agit bien de se confronter aux autres et de les dépasser dans la course. Ce que tout sportif de haut niveau nous apprend, c'est que la norme, dans l'espace de la compétition, est à la fois ce qu'il faut respecter (enfreindre les règles du jeu, c'est s'en extraire) et ce qu'il faut dépasser (s'en tenir à ce que l'on a l'habitude de faire, c'est prendre le risque de ne pas remporter la victoire).

Cela n'exclut pas non plus l'importance de ses partenaires. Mais, comme il l'écrit dans *La Société du peloton* : « Le problème du cyclisme, c'est qu'il n'y a qu'un seul vainqueur[1]. » Cette logique de la compétition le conduit à une

1. Guillaume Martin, *La Société du peloton. Philosophie de l'individu dans le groupe*, Clermont-Ferrand, Mon poche, 2022, p. 173.

thèse radicale et franchement assumée selon laquelle « L'ego est indépassable. L'étouffer sous une idéologie de l'entraide, du partage, de l'altruisme, c'est vouloir éteindre ce qu'il y a de plus vif en nous : notre individualité[1]. »

Tirons jusqu'au bout le fil du paradoxe : ce que nous apprend la philosophie du peloton, c'est la tension entre la solidarité du groupe et la quête du succès individuel. Les échappées illustrent ce paradoxe. Dans l'échappée, écrit Guillaume Martin, « il y a un espace pour que l'individu s'affirme lui-même, contre les autres mais aussi avec eux. C'est dans ce juste milieu, dans cet équilibre instable, que se tient le sportif, et le cycliste en particulier, quand il cherche à se distinguer du peloton et de ses membres sans pour autant s'isoler radicalement[2]. » Cette contradiction est sans doute indépassable, car, on l'aura compris, le Tour de France ne se fait pas sur un tandem.

1. *Ibid.*, p. 181.
2. *Ibid.*, p. 182-183.

Pour aller plus loin :

Bernard Andrieu (dir.), *Vocabulaire international de philosophie du sport*, tomes I et II, Paris, L'Harmattan, 2015.

Bernard Chambaz, *Petite philosophie du vélo*, Paris, Flammarion, coll. « Champs », 2019.

Guillaume Martin, *Socrate à vélo*, Paris, Grasset, 2020.

Guillaume Martin, *La Société du peloton. Philosophie de l'individu dans le groupe*, Clermont-Ferrand, Mon poche, 2022.

Gaston Bachelard, employé des postes

Gaston Bachelard (1884-1962), auteur du Nouvel esprit scientifique *et du* Rationalisme appliqué, *est une des figures les plus importantes de la philosophie des sciences en France. Mais ce n'est que tardivement qu'il s'engage dans la recherche universitaire, préférant travailler comme postier et télégraphiste pendant plus de dix ans.*

Né en 1884 dans une famille modeste d'une petite ville de province, Bar-sur-Aube, Gaston Bachelard est professeur de physique-chimie au collège, puis professeur de philosophie des sciences à l'université de Dijon à partir de 1930, avant d'être nommé professeur à la Sorbonne en 1940. Sa carrière est enfin couronnée par son élection à l'Académie des sciences morales et politiques. Quel parcours d'excellence !

Pourtant, ce parcours n'a rien d'une traversée linéaire. Bachelard n'a pas fréquenté les Grandes Écoles. Sa carrière d'enseignant, il la commence sur le tard, à l'âge de 35 ans, en qualité d'enseignant auxiliaire, c'est-à-dire d'enseignant contractuel, avant d'obtenir, à l'âge de 38 ans, son agrégation de philosophie et de soutenir deux thèses en 1927. Avant cela, Gaston Bachelard est d'abord employé des postes et télégraphiste durant seize années.

Fils d'un père cordonnier et d'une mère vendeuse de tabac et de journaux, son histoire sociale et familiale est celle d'un transfuge de classe ou d'un « transclasse », comme on dit aujourd'hui. Après son baccalauréat de philosophie, Bachelard intègre la poste de Remiremont dans les Vosges en 1903. Il a alors 19 ans. Le poste qu'il occupe le conduit à des tâches répétitives. Son travail consiste à passer ses journées – 10 heures par jour ! – à télégraphier et à s'occuper de la gestion des envois postaux. On pourrait penser que de telles conditions de travail pèsent sur sa vie et qu'il est, d'abord, victime d'un monde social verrouillé. Si on ne peut pas écarter le fait que son emploi à la poste comme commis s'explique par des raisons matérielles et économiques, cette vision des choses demeure toutefois incomplète. D'une part, avant d'entrer à la poste et après son baccalauréat, Bachelard est durant une année répétiteur dans un collège. Ce métier, à l'époque, permet, à terme, d'intégrer le corps enseignant. Or, Bachelard préfère quitter son poste… pour la poste. D'autre part, Bachelard n'aspire pas à devenir enseignant et rien ne le prédispose à devenir le grand philosophe qu'il sera.

Ce que désire Bachelard, c'est devenir ingénieur des télégraphes. Dans un entretien émouvant daté de 1955, Bachelard, alors au sommet de sa gloire, affirme : « J'ai conservé longtemps comme une nostalgie d'avoir renoncé à être ingénieur des télégraphes : c'était ma première ambition. Le sacrifice fut considérable[1]. » Le jeune employé de la poste ne rêve donc pas d'abord des grands amphithéâtres de la Sorbonne. Il veut plutôt se spécialiser dans la télécommunication.

1. « M. Gaston Bachelard membre de l'Institut », *Revue des PTT*, n° 55, 1955, p. 14, cité par Claude Speranza *in* « Bachelard et la technique : quelques axes de recherche », *Cahiers Gaston Bachelard*, n° 1, 1998, p. 72-73.

À cette époque, dans les années 1900, nous assistons à des progrès techniques fulgurants dans le monde de la télécommunication. Ce n'est sûrement pas un hasard si Bachelard s'est spécialisé en physique puis en philosophie des sciences.

La fusion du service des postes avec les télégraphes est tout autant une révolution scientifique qu'un changement politique majeur puisque, en 1879, le gouvernement de William Henry Waddington crée un ministère des Postes et des Télégraphes.

Mais ce qui fascine Bachelard, c'est le développement prodigieux des instruments de communication. C'est d'ailleurs à cette même période que la première radio va être créée grâce à la découverte des ondes électromagnétiques. Chargé des télégraphes, Bachelard est donc en prise avec ces instruments de la modernité qui permettent de communiquer à distance. Ces chefs-d'œuvre techniques illustrent le mariage des sciences et de la technique. Bachelard, le philosophe des sciences, accordera à l'expérience une valeur fondamentale dans l'élaboration du discours scientifique. Dans son essai justement intitulé *Le Rationalisme appliqué*, Bachelard écrit qu'« il faut à la pensée scientifique une réalité sociale, l'assentiment d'une cité physicienne et mathématicienne[1] ». Cette « réalité sociale », il la rencontrera à la poste. « L'assentiment d'une cité physicienne et mathématicienne », il en fera l'expérience concrète à travers l'usage quotidien des instruments de télécommunication dû au progrès des sciences.

Tirons jusqu'au bout le fil du paradoxe : de la poste à la Sorbonne, le parcours de Bachelard n'est peut-être pas si erratique. Qu'il s'agisse du courrier et des télégraphes ou qu'il s'agisse d'enseigner, la transmission est au cœur de ses activités.

Pour aller plus loin :

Gaston Bachelard, *Le Rationalisme appliqué*, Paris, PUF, coll. « Quadrige », 2004.

---

1. Gaston Bachelard, *Le Rationalisme appliqué*, Paris, PUF, coll. « Quadrige », 2004, p. 6.

Gaston Bachelard, *Le Nouvel Esprit scientifique*, Paris, PUF, coll. « Quadrige », 2020.

François Dagognet, *Gaston Bachelard*, Paris, PUF, 1965.

Jean-Claude Pariente, *Le Vocabulaire de Bachelard*, Paris, Ellipses, 2001.

Claude Speranza, « Bachelard et la technique : quelques axes de recherche », *Cahiers Gaston Bachelard*, n° 1, 1998.

Gottfried Wilhelm Leibniz, bibliothécaire

Leibniz (1646-1716) ne s'est pas contenté de lire et d'écrire des livres, il s'est aussi employé pendant quarante années à les ranger et à les classer en qualité de bibliothécaire. La bibliothèque est pour lui une incarnation de la raison et une façon concrète de mettre en réseau les hommes entre eux grâce à la médiation des livres.

Le philosophe Leibniz ne s'est pas seulement occupé de métaphysique, de mathématiques ou de physique, il a aussi eu une longue carrière de bibliothécaire, jusqu'à assurer la direction de la bibliothèque du duc de Hanovre à partir de 1676, puis celle de Wolfenbüttel, située à proximité de Hanovre. D'une certaine façon, Leibniz, par ce métier, renoue avec la légende. On raconte que, dans l'Antiquité, trois siècles après la mort d'Aristote, Andronicos de

Rhodes, qui voulait éditer les œuvres du Stagirite, était embarrassé par des livres dont les thèmes n'étaient pas clairs pour lui : l'acte et la puissance, la substance, les principes, etc. Il classa alors ces ouvrages « *méta ta physica* », c'est-à-dire littéralement « après les livres de physique », ce qui donna naissance au mot « métaphysique ». Il existe donc un lien souterrain entre métaphysique et bibliothèque.

À cet égard, Leibniz est doublement métaphysicien ; par sa philosophie – que l'on songe à sa théorie de l'harmonie préétablie ou à sa théorie de la communication des substances dont relève l'épineuse question de l'union de l'âme et du corps –, et par son travail de bibliothécaire, soucieux de ranger et de classer les livres à leur juste place.

À l'époque de Leibniz, les bibliothèques sont privées et appartiennent au roi, aux princes, aux ducs, comme celle du duc de Hanovre.

Ces bibliothèques privées sont, en réalité, semi-publiques. Ce qui les différencie de nos bibliothèques publiques, c'est surtout leur mode de financement : si, aujourd'hui, nos bibliothèques municipales ou nationales sont financées par la puissance publique, celles de Leibniz le sont par des mécènes.

Dans son activité de bibliothécaire, Leibniz assure l'accueil du public, bien que les ouvrages rares ne soient consultables que par les nobles et les savants. En bibliothécaire engagé et en bon logicien, Leibniz s'intéresse aux questions de classement. Il développe un système de catalogage par noms d'auteurs, en complément du catalogue par sujets, organisation à la base du système actuel. Ce travail de taxinomie est à la fois un travail de classification qui correspond au rangement matériel des livres dans les rayons et un travail d'indexation qui consiste à répertorier les ouvrages dans le catalogue de la bibliothèque. Si cela nous paraît évident aujourd'hui, tel n'est pas le cas à l'époque de Leibniz. Dans les bibliothèques, les livres sont alors classés selon des critères matériels (taille, forme), et non selon leur contenu.

Le métier de bibliothécaire est aussi un métier du soin, d'autant plus qu'à côté des livres imprimés figurent également de nombreux manuscrits souvent fragiles. Comme tout bibliothécaire, Leibniz est un *bibiothé-care*, si j'ose dire.

Mais le bibliothécaire n'est pas seulement tourné vers le passé et le présent. S'il doit conserver les livres, il doit aussi enrichir la bibliothèque en acquérant des nouveautés. Une bibliothèque doit sans cesse être augmentée pour suivre les progrès du savoir. Leibniz n'hésite d'ailleurs pas à compléter celle dont il a la charge par ses livres personnels, à telle enseigne que, après sa mort en 1716, nul ne peut distinguer les livres qui lui appartenaient de ceux qui relèvent de la propriété du duc de Hanovre. Le duc finit par tout garder et par dédommager forfaitairement les héritiers de Leibniz.

Par son métier de bibliothécaire, Leibniz réalise son rêve d'une Encyclopédie universelle qui rassemblerait toutes les sociétés savantes d'Europe.

Leibniz est un penseur de l'universalité. Toute sa philosophie fait droit à la raison humaine et aux principes universels qui président à la connaissance. Le projet d'une encyclopédie qui articulerait tous les savoirs en toutes matières n'est pas non plus sans rapport avec son goût pour la controverse et la discussion. Son optimisme, à tort moqué par Voltaire, l'incite à penser qu'il est toujours possible de parvenir à un accord par le jeu de la discussion. De ce point de vue, la bibliothèque est un espace concret où cohabitent des livres différents et opposés et qui peut donner l'idée d'une sorte de paix intellectuelle. Toute bibliothèque est réticulaire, puisqu'elle permet d'établir ou de suggérer des liens multiples entre les livres. Par sa philosophie, Leibniz est un penseur du lien ; par son activité de bibliothécaire, il est un praticien du lien.

Tirons jusqu'au bout le fil du paradoxe : classer des livres dans les bibliothèques, n'est-ce pas, pour ce théoricien du *vinculum* (le lien), une façon de créer des liens solides entre les hommes et entre les générations ?

Pour aller plus loin :

Gottfried Wilhelm Leibniz, *Système nouveau de la nature et de la communication des substances*, éd. de Christiane Frémont, Paris, Flammarion, coll. « GF », 1994.

Arnaud Pelletier, « La bibliothèque philosophique de Leibniz à Wolfenbüttel : inventaire et signification », *Dix-septième siècle*, vol. 1, n° 242, 2009, p. 113-147.

Stephan Waldhoff, « Leibniz bibliothécaire », trad. par Jean-Louis Elloy, *La Revue de la BNU*, 10 | 2014, p. 22-31.

Agnès Gayraud, autrice-compositrice-interprète

Musicienne depuis son plus jeune âge, la philosophe Agnès Gayraud (née en 1979) a deux noms (Agnès Gayraud et La Féline) comme elle a deux voix (sa voix de philosophe et sa voix de musicienne). Mais, si les noms sont différents, les voix convergent.

Très jeune, Agnès Gayraud découvre la musique, et cela éveille en elle le désir d'en créer. À l'âge de 6 ans, elle écrit sa première chanson. Elle se met à en écrire d'autres en français et en espagnol, qu'elle enregistre sur un magnétophone. À l'âge de 12 ans, elle ressent le besoin d'apprendre un instrument pour accompagner sa voix. Ce sera la guitare. La jeune compositrice et interprète autodidacte se frotte au solo du morceau « *One* » de Metallica, groupe de métal légendaire formé en Californie. À l'adolescence, elle forme avec des amies un groupe de musique, les Daisies. Les jeunes musiciennes donneront leur tout premier concert au prestigieux festival Off de Marciac.

En parallèle, Agnès Gayraud poursuit des études de philosophie. En 2010, elle soutient sa thèse de doctorat à la Sorbonne ; thèse qu'elle consacre à la philosophie de Theodor Adorno. Mais, là encore, comme pour la jeune enfant, porter la voix des philosophes illustres de la tradition ne lui suffit pas. Elle fait entendre sa propre voix philosophique dans de nombreux écrits. En 2018, elle publie un ouvrage important en philosophie de la musique, *La Dialectique de la pop*. Dans cet ouvrage, elle démontre que la musique pop comporte une dimension proprement esthétique et musicale, laquelle a été négligée jusqu'à présent.

Pour rendre compte de la valeur musicale et esthétique de la pop, deux gestes philosophiques s'imposent.

Le premier geste consiste à libérer la pop musique de son appartenance à la pop culture.

La pop culture enveloppe l'œuvre pop d'une série d'objets ou d'éléments qui voilent l'écoute au profit des seuls phénomènes visibles (les posters, les t-shirts à l'effigie d'un artiste, les costumes, les forums de discussion sur Internet, etc.) Le second geste consiste à repérer les contradictions de cet art populaire dont la spécificité essentielle est d'être une forme musicale enregistrée et reproductible.

Cette dimension artefactuelle est propre à la musique pop. La musique populaire traditionnelle, par exemple, se transmet essentiellement par tradition orale. La musique classique, dite « savante », se transmet par la conservation des partitions et relève donc de la tradition écrite. Bien sûr, on peut écouter un enregistrement de musique folklorique des Balkans ou les madrigaux de Claudio Monteverdi, mais le type d'écoute n'est pas le même que pour un enregistrement des Beatles ou de La Féline. Ce qui les distingue essentiellement, c'est la place de l'interprète. Il est presque (presque !) indifférent que ce soit telle ou telle personne qui joue ou chante tel morceau folklorique ou tel madrigal. Certes, un air d'opéra, selon qu'il est chanté par la Callas ou par une autre cantatrice, ne produit pas les mêmes sensations, de même qu'un madrigal interprété par les Arts florissants ou un autre ensemble ne suscite pas les mêmes effets esthétiques. Mais ce n'est pas le même type de différence qu'entre *Let it be* chanté par les Beatles et *Let it be* chanté et repris par d'autres musiciens. *Let it be* est composé par les Beatles et « pour » les Beatles, si bien que le même morceau repris par un autre artiste, même talentueux, n'est pas la même chose. En revanche, Monteverdi, lui, n'a pas écrit ses madrigaux pour les Arts florissants ni pour aucun musicien en particulier.

La scène et le plaisir de jouer en *live* sont aussi des caractéristiques déterminantes de la musique pop.

Le rapport à la scène et au public est une expérience fondamentale pour La Féline. Cette artiste aime la scène et, comme elle le dit elle-même, elle y voit une forme érotique, un jeu charnel avec les auditeurs et les auditrices. En décembre 2022, La Féline était en tournée en Inde. De passage à Kochi, dans le sud de l'Inde, elle se produit sur une scène extérieure en plein centre-ville. La nuit tombe, un grand jeu de lumière se met en mouvement. Progressivement, un embouteillage se crée. Des spectateurs se mettent à danser, alors même que sa musique sensuelle et lancinante ne se prête pas aux mouvements des corps qu'elle peut percevoir depuis la scène. C'est la magie du concert, si essentielle à tout artiste.

Mais La Féline n'est pas la philosophe. Agnès Gayraud tient à dissocier ces deux activités qui l'engagent dans des rapports au monde différents. Un fait marquant : parmi les nombreuses références musicales que comporte son livre sur la « dialectique de la pop », aucune mention n'est faite de La Féline. Cette absence s'explique sans doute par son humilité, mais on peut aussi l'interpréter comme l'expression de son désir de dissocier les deux facettes de son être.

Tirons jusqu'au bout le fil de la partition : dans un article passionnant, « Français, deuxième langue », la philosophe Agnès Gayraud analyse la tension qu'il y a à jouer de la pop, qui est d'origine anglo-saxonne, et à chanter en français. Mais la musique de La Féline nous donne plutôt à entendre cette tension sous la forme d'une évidence harmonieuse. Preuve que la vocation, si l'on ose dire, de la musique n'est pas à chercher dans son origine, mais plutôt dans son projet et sa destination.

Pour aller plus loin :

Agnès Gayraud, « Français, deuxième langue », *Audimat*, vol. 2, n° 4, 2015, p. 39-66.

Agnès Gayraud, Guillaume Heuguet et Gustavo Gomez-Mejia, « Théorie critique et musiques enregistrées », *Communications & langages*, vol. 2, n° 184, 2015, p. 25-39.

Agnès Gayraud, *La Dialectique de la pop*, Paris, La Découverte, 2018.

Cornelius Castoriadis, économiste à l'OCDE

Le philosophe Cornelius Castoriadis (1922-1997) est économiste à l'OCDE et par ailleurs militant politique. Sa conception de l'imagination radicale doit beaucoup à ses différents engagements.

Cornelius Castoriadis est né à Constantinople en 1922, mais c'est en Grèce qu'il passe toute son enfance et sa jeunesse avant de s'installer à Paris en 1945 pour entreprendre une thèse de philosophie. En 1948, il devient expert en économie à l'OECE, l'Organisation européenne de coopération économique, créée la même année pour mettre en place le plan Marshall. Ce vaste plan d'aide économique orchestré par les États-Unis pour soutenir la reconstruction de l'Europe après la Seconde Guerre mondiale prend fin en 1952. En 1961, lorsque l'OECE deviendra l'OCDE, l'Organisation de coopération et de développement économiques, Castoriadis y exercera encore le métier d'expert en économie jusqu'en 1970.

Parmi ses missions, l'économiste est notamment chargé d'établir un bilan statistique de la situation économique d'un pays et de mettre à la disposition de ses dirigeants des idées et des perspectives susceptibles d'améliorer sa santé économique. Chaque année, l'OCDE publie un rapport par pays. Afin de nous en donner une idée plus précise, penchons-nous sur le rapport de l'OCDE pour la France en 1970, année où Castoriadis quitte ses fonctions. On y trouve le recensement de la population et des données sur la superficie du territoire, la production, le commerce extérieur ou les dépenses et les recettes de l'administration publique. On y apprend que le niveau de vie par habitant est calculé en prenant comme indicateurs le nombre de logements achevés pour 1 000 habitants et, plus étonnant de notre point de vue contemporain, le nombre de téléphones pour 1 000 habitants. Le dernier rapport, daté de novembre 2021, ne parle plus de téléphone ni même de niveau de vie. Les données statistiques se sont en revanche complexifiées : désormais sont pris en compte des paramètres liés à l'environnement ou au niveau d'éducation.

Le monde dans lequel Castoriadis a vécu n'est donc pas celui dans lequel nous évoluons aujourd'hui. Pour autant, ce qui demeure, c'est le poids de l'économie dans nos vies collectives et dans nos représentations.

Castoriadis, l'économiste, ne croit pas en la prétendue rationalité de l'économie et en sa supposée valeur scientifique. C'est précisément parce qu'il n'y croit pas qu'il y a consacré vingt-deux ans de sa vie professionnelle et une très grande partie de sa vie intellectuelle. Le philosophe, qui a été, dans sa jeunesse, un militant trotskiste, finit par renvoyer dos à dos le marxisme et ce qu'il appelle l'« économie politique bourgeoise ». Ces deux idéologies, d'après lui, sont engluées dans des mythes.

Pour Castoriadis, affirmer que l'économie relève du mythe ne signifie pourtant pas qu'elle ne produit pas d'effets réels : elle structure nos sociétés par la circulation des biens, des services et la régulation des échanges.

Par « mythe », il faut plutôt entendre deux choses. D'une part, Castoriadis récuse l'idée que le monde social et historique serait le produit d'une nécessité, d'un déterminisme auquel nous serions inéluctablement soumis et sur lequel nous ne pourrions pas agir. C'est un peu cette musique que l'on entend lorsque l'on parle des lois du marché par exemple, comme s'il y avait une pure instance extérieure qui nous gouvernerait. D'autre part, si mythe il y a, c'est au sens où toute réalité, quelle qu'elle soit et quelle que soit sa valeur, repose sur l'imaginaire. Ce concept d'imaginaire est au cœur de la pensée de Castoriadis. Dans son ouvrage *L'Institution imaginaire de la société*, paru en 1975, il montre comment nos vies humaines, aussi bien individuelles que collectives, se construisent sur un fond imaginaire grâce auquel les hommes produisent des valeurs et s'y projettent. L'économie dominante n'échappe pas à la règle. Ce qui est institué peut disparaître et donner forme à de nouvelles possibilités créatrices. Changer le monde, pour Castoriadis, revient donc à libérer nos imaginaires.

Tirons jusqu'au bout le fil du paradoxe : l'imagination est souvent pensée comme le lieu de l'illusion, par opposition à la raison qui, elle, détermine l'ordre et la vérité des choses. Castoriadis renverse ce schéma traditionnel. Le mythe n'est pas là où on le croit. Le mythe est, en fait, dans la croyance que la raison simplement technique, voire bureaucratique, s'impose comme vérité absolue.

Pour aller plus loin :

Cornelius Castoriadis, *L'Institution imaginaire de la société*, Paris, Seuil, 1975.

Vincent Descombes et Florence Giust-Desprairies (dir.), *Imaginer l'autonomie. Castoriadis, actualité d'une pensée radicale*, Paris, Seuil, 2021.

François Dosse, *Castoriadis. Une vie*, Paris, La Découverte, 2014.

« Entretien avec Vincent Descombes réalisé par Claire Pagès », *Rue Descartes*, vol. 2, n° 96, 2019, p. 80-92.

Jean-Jacques Rousseau, copiste de musique

Jean-Jacques Rousseau (1712-1778) n'est pas seulement le célèbre auteur du Contrat social *et de l'*Émile, *mais il est aussi le compositeur du* Devin du village, *un court opéra qui a connu, en son temps, beaucoup de succès. La musique est aussi le gagne-pain de Rousseau, lui qui a exercé, durant une longue partie de sa vie, le métier de copiste de musique.*

L'œuvre de Rousseau est monumentale tant par la quantité de ses productions que par leur variété et leur richesse. Il est l'auteur d'une œuvre philosophique qui bouleverse l'histoire des idées, notamment en matière de philosophie politique et morale. Il révolutionne aussi l'art du roman avec *Julie ou la Nouvelle Héloïse*, roman épistolaire qui connaît en son temps un immense succès et que l'on considère comme précurseur du romantisme. Il écrit de nombreux textes consacrés à la musique, tels que son *Dictionnaire de musique* ou sa fameuse *Lettre sur la musique française* dans laquelle il polémique contre le compositeur Jean-Philippe Rameau. Or son génie ne s'arrête pas aux frontières de l'écriture : Rousseau le penseur de la musique est aussi musicien. Il joue de la flûte et du violon. Il compose de nombreuses pièces de musique, parmi lesquelles son opéra-ballet *Le Devin du village*, composé à Passy, aujourd'hui englouti dans Paris, et situé dans la même rue que la Maison de la Radio et de la Musique, avenue du Président-Kennedy.

Cet opéra, aujourd'hui peu connu, a un très grand succès au XVIIIe siècle. Il est joué pour la première fois à la cour du roi Louis XV au château de Fontainebleau le 18 octobre 1752. On raconte que Louis XV, réputé pour être un piètre chanteur, ne se lasse pas, les jours suivants, de fredonner le refrain « J'ai perdu mon serviteur, j'ai perdu tout mon bonheur. » Pourtant, Rousseau, fort de ses succès, renonce à une pension du roi de France qui lui assurerait une vie matérielle confortable. Au lieu de cela, il fait le choix de gagner sa vie comme copiste de musique. Copier de la musique, c'est-à-dire reproduire à la main des partitions, est alors un travail d'artisan peu reconnu socialement et peu rémunérateur. Dans ses *Dialogues. Rousseau juge de Jean-Jacques*, on apprend qu'il touche 10 sols par page copiée, sachant que le salaire moyen d'un ouvrier est de 15 sols par jour.

Copier des partitions à la main exige un travail de longue haleine et des qualités graphiques particulièrement ciselées. La moindre rature est fatale puisqu'il faut tout recommencer.

Rousseau dit de lui qu'il est un mauvais copiste, qu'il est très lent et qu'il fait beaucoup de fautes. Pour autant, en dépit de sa prétendue incompétence, Rousseau aura copié pas moins de 11 200 pages entre 1770 et 1777. Manifestement, la lenteur n'exclut pas la prolixité !

Si, au XVIIIe siècle, l'imprimerie est déjà bien installée, alors pourquoi copier de la musique à la main ? Pour répondre à cette question, ouvrons son *Dictionnaire de musique* à l'entrée « Copiste ». Dans cet article très original, Rousseau donne deux raisons pour lesquelles l'« art typographique », comme il l'appelle, s'applique mal à la musique. La première raison est étonnante. Selon lui, cela tiendrait aux goûts de l'époque. Citons-le : « On s'ennuie moins vite des mêmes livres que des mêmes chansons. » La deuxième raison nous parle davantage. Graver de la musique est extrêmement coûteux et la complexité de la notation musicale rend difficile l'usage de l'imprimerie. En somme, imprimer des chansons serait donc moins rentable qu'imprimer des textes en langue naturelle. Reproduire les textes d'un manuscrit, *Du contrat social* par exemple, est simple. En revanche, la reproduction d'une portée avec ses cinq lignes, des notes et des différents caractères utilisés dans une partition (dièse, bémol, silence, etc.) rend la gravure particulièrement ardue.

Tirons jusqu'au bout le fil du paradoxe : copier de la musique est pour Rousseau tout autre chose que recopier. Pour que le musicien puisse jouer confortablement « le copiste doit, écrit Rousseau, rendre sa note bien lisible et bien nette[1] ». Pour Rousseau, il ne suffit pas que la copie soit identique à l'original, il faut qu'elle puisse être lue et jouée sans embarras. En cela, la main de l'artisan participe très concrètement à l'exécution de l'œuvre. Sous l'interprétation du musicien, on entend insensiblement le travail du copiste. Pour ainsi dire, dans la partition copiée, le copiste laisse... ses impressions.

Pour aller plus loin :

Cécile Reynaud, « Jean-Jacques Rousseau, compositeur et copiste », *Revue de la BnF*, vol. 3, n° 42, 2012, p. 80-88.

Jean-Jacques Rousseau, *Dictionnaire de musique*, *Œuvres complètes*, tome V, Paris, Gallimard, coll. « Bibliothèque de la Pléiade », 1995.

Jean-Jacques Rousseau, *Projets concernant de nouveaux signes pour la musique*, *Œuvres complètes*,

1. Jean-Jacques Rousseau, *Dictionnaire de musique*, *Œuvres complètes*, tome V, Paris, Gallimard, coll. « Bibliothèque de la Pléiade », 1995, p. 736.

tome V, Paris, Gallimard, coll. « Bibliothèque de la Pléiade », 1995.

Jacqueline Waeber, « Rousseau copiste de musique : l'envers de l'auteur ? », *in* Michael O'Dea (dir.), *Jean-Jacques Rousseau en 2012. « Puisqu'enfin mon nom doit vivre »*, Oxford, Voltaire Foundation, 2012.

Jean Meslier, prêtre athée

Modeste curé sans histoire d'un petit village lorrain, Jean Meslier (1664-1729) laisse à sa mort un testament dans lequel ce curé paradoxal défend, d'un côté, un athéisme sans concessions et, de l'autre, un égalitarisme proche d'un « communisme agraire », à la fois utopique et archaïque.

Prêtre et athée : il faut bien le dire, le cas Meslier n'est pas des plus ordinaires. Né en 1664 à Mazerny dans les Ardennes et mort en 1729, Meslier mène une existence plutôt tranquille. Par obligation familiale, il s'engage dans le sacerdoce. Il est ordonné prêtre en 1689 et passe sa vie comme curé de campagne dans les villages d'Étrépigny et de Balaives, près de Charleville. On apprend des différents rapports établis par ses supérieurs hiérarchiques que Jean Meslier est un bon prêtre. On loue ses qualités, tout particulièrement sa tempérance. Il accomplit ses devoirs avec rigueur. Tous les enfants du village sont baptisés et il assure, comme il se doit, le culte ainsi que toutes les cérémonies. Par ailleurs, les comptes de sa paroisse sont bien tenus. Un rapport précise même que sa bibliothèque contient, je cite, de « bons livres ». Bref, Jean Meslier est un homme d'Église irréprochable et respectable.

Toutefois, on note un incident majeur, répertorié dans son dossier administratif : le curé refuse lors d'une prière dominicale de demander la grâce de Dieu pour le seigneur local, Antoine de Touilly. Aux yeux de Jean Meslier, ce seigneur malmène les villageois pauvres et les orphelins. À la suite de son audace, l'archevêque adresse au prêtre une remontrance à laquelle il répondra lors de son prêche dominical par ces mots :

« Voici le sort ordinaire des pauvres curés de campagne, les archevêques qui sont des grands seigneurs les méprisent et ne les écoutent pas ; ils n'ont d'oreilles que pour la noblesse. Recommandons donc le seigneur de ce lieu. Nous prierons Dieu pour Antoine de Touilly, qu'il le convertisse ; et lui fasse la grâce de ne point maltraiter le pauvre et dépouiller l'orphelin[1]. »

À première vue, l'athéisme de Jean Meslier n'est pas très perceptible. On a plutôt le sentiment d'un homme d'Église soucieux des plus fragiles et des plus démunis.

En apparence, le portrait de Jean Meslier nous donne à voir ce que l'on attend d'un homme d'Église. Pour comprendre les positions athées du prêtre, il faut alors nous détourner de sa vie pour nous pencher sur sa mort.

À la disparition du curé, au cours de l'été 1729, on découvre dans son testament plusieurs lettres. Dans l'une d'elles, Jean Meslier invite ses confrères à se rendre dans la paroisse, où il a laissé un manuscrit présenté comme ses Mémoires et dont le titre indique, entre autres, qu'il y est question « des démonstrations claires et évidentes de la vanité et de la fausseté de

1. Abrégé de la vie de l'auteur [texte anonyme], *in* Jean Meslier, *Œuvres complètes*, tome I, éd. de Jean Deprun, Roland Desné et Albert Soboul, Paris, Éditions Anthropos, 1970, préface, p. 27-28.

toutes les divinités et de toutes les religions du monde ».

On peut imaginer l'effet de sidération que cette découverte a pu susciter. Dans ce traité de philosophie matérialiste, l'auteur définit les pratiques religieuses et leurs offices comme « des inventions humaines ». Ce que Jean Meslier condamne surtout, c'est l'oppression des peuples par les puissants. D'après lui, les inégalités entre les hommes sont favorisées par la religion qui maintient les hommes dans leur état en leur faisant miroiter, je le cite à nouveau, « des récompenses imaginaires ».

La charge est, pour le moins, radicale. Même Voltaire à qui l'on doit la première biographie de Jean Meslier n'est pas allé aussi loin dans sa critique de la religion. Plus encore, Voltaire qui a publié des extraits de textes de Meslier a fâcheusement gommé son athéisme pour en faire un déiste.

Tirons jusqu'au bout le fil du paradoxe : le philosophe et le prêtre ne s'accordent pas. D'un côté, il y a le bon curé de campagne qui s'acquitte soigneusement de ses devoirs. De l'autre côté, le philosophe athée et matérialiste que l'on découvre après sa mort. Le vrai « moi » n'est donc pas toujours connu des autres de son vivant et ce n'est qu'une fois mort que Jean Meslier peut se livrer aux hommes et se faire connaître tel qu'il est véritablement.

Pour aller plus loin :

Florian Brion, « La sagesse colérique de Jean Meslier, prêtre athée et parrhêsiaste », *Cahiers philosophiques*, vol. 4, n° 120, 2009, p. 51-71.

Maurice Dommanget, *Le Curé Meslier, athée, communiste et révolutionnaire sous Louis XIV*, Paris, Julliard, 1965, réédité par l'Institut français d'histoire sociale en 2008.

Jean Fabre, « Meslier tel qu'en lui-même... », *Dix-huitième siècle*, n° 3, 1971, p. 107-115.

Jean Meslier, *Œuvres complètes*, éd. de Roland Desné, Jean Deprun, Albert Soboul, Paris, Éditions Anthropos, trois volumes, 1970-1972.

Charles Louis de Montesquieu, magistrat

*Il paraît tout naturel que l'*Esprit des lois*, une des sources fondamentales de la réflexion juridique et politique moderne, ait été écrit par un magistrat. Montesquieu (1689-1755), tout président qu'il soit au parlement de Bordeaux, parle pourtant assez peu de justice dans son grand livre. Son travail de philosophe porte sur d'autres objets que ceux qu'il a eu à traiter au quotidien dans son métier.*

Le célèbre penseur de la « distribution des pouvoirs » que sont le pouvoir judiciaire, le pouvoir exécutif et le pouvoir législatif a exercé les fonctions de magistrat au parlement de Bordeaux de 1714 à 1726. D'abord conseiller, il devient président à partir de 1716.

Conseiller, il est chargé des affaires criminelles qui relèvent de la chambre de la Tournelle.

L'une des plus importantes affaires qu'il a à traiter concerne les droits de ceux que l'on appelle les « cagots » ou les « cagotes ». Ces personnes sont discriminées parce qu'on les soupçonne d'être porteuses de la lèpre. Le 19 janvier 1724, Montesquieu signe un arrêt pour que soit respectée la décision du parlement de Bordeaux du 7 juillet 1723 qui reconnaît leurs droits. L'arrêt du parlement de Bordeaux, renforcé par celui de Montesquieu, autorise, entre autres, ces personnes à occuper des charges publiques ou à aller à l'église.

Montesquieu n'est pas réputé pour être un magistrat très impliqué. Il semble beaucoup plus préoccupé par son vignoble et par ses voyages à Paris où l'auteur des *Lettres persanes* mène une vie mondaine et littéraire. Pourtant, Montesquieu tient en haute estime la charge et les responsabilités de magistrat. En témoigne son discours prononcé le 11 novembre 1725 à l'occasion de la rentrée du parlement de Bordeaux. Dans cette « mercuriale », comme on disait à l'époque, « Montesquieu annonce que, supposant dans les magistrats la vertu essentielle de justice, il ne parlera que des "accessoires" : cette vertu doit en effet être éclairée, prompte, point trop austère et enfin “universelle”[1] ».

Le bon juge se distingue surtout par sa capacité à discerner le vrai du faux et à faire montre d’humanité.

La vertu de justice est donc supposée aller de soi chez les magistrats. Cela n’implique pas qu’ils la possèdent effectivement !

Dans les trente et un livres de l’*Esprit des lois*, il est beaucoup moins question de la justice en tant que telle que des lois (dont la plupart, certes, portent sur la justice au sens de droit civil ou de droit pénal). Le livre I en particulier contient diverses considérations sur la justice, notamment sur la distinction entre le droit naturel, conçu indépendamment des hommes, et le droit positif, tel qu’il est élaboré par les hommes au moyen de la loi. En revanche, on ne trouve pas de théorie de

1. Pierre Rétat, « Discours sur l’équité qui doit régler les jugements et l’exécution des lois », *in* Catherine Volpilhac-Auger et Catherine Larrère (dir.), *Dictionnaire Montesquieu*, ENS de Lyon, septembre 2013 (en ligne).

la justice à proprement parler. Le *Dictionnaire Montesquieu*, dirigé par Catherine Volpilhac-Auger et Catherine Larrère, ne comporte d'ailleurs aucun article « Justice ».

Pour autant, le concept de justice irrigue toute l'œuvre de Montesquieu. Mais l'auteur de l'*Esprit des lois* ne se place pas en théoricien du juste et de l'injuste. Ce qui importe à Montesquieu est l'étude comparée des lois dans leurs rapports avec les mœurs et avec la forme des gouvernements. Sa démarche s'inscrit plutôt dans l'horizon d'une pensée politique soucieuse des libertés politiques qu'il définit comme « cette tranquillité d'esprit qui provient de l'opinion que chacun a de sa sûreté ».

C'est au nom de cet impératif que se comprend sa théorie de la distribution des pouvoirs, que l'on appelle souvent à tort la « séparation des pouvoirs », puisque seul le pouvoir judiciaire est « séparé » des deux autres. Si, par exemple, le juge était législateur, il édicterait lui-même la loi qu'il applique : c'est le risque de l'arbitraire. Montesquieu cherche surtout à limiter et à réguler le pouvoir. Son analyse repose sur une observation anthropologique : l'homme qui dispose du pouvoir a naturellement tendance à en abuser. Selon la célèbre formule de Montesquieu, « il faut que, par la disposition des choses, le pouvoir arrête le pouvoir ». C'est le sens et l'objectif de la distribution des pouvoirs où chaque instance permet de réguler et de contrôler les deux autres.

Tirons jusqu'au bout le fil du paradoxe : comme le remarque Till Hanisch, Montesquieu ne propose aucune théorie systématique de la justice, mais « toute son œuvre peut être comprise comme une vaste étude des conditions et des formes de réalisation de la justice[1] ». Pour ainsi dire, si nous osions : justice nulle part, justice partout !

1. Till Hanisch, « Modération, justice et jugement chez Montesquieu », *in* Catherine Volpilhac-Auger (dir.), *(Re)lire l'Esprit des lois*, Paris, Éditions de la Sorbonne, 2014 (en ligne).

Pour aller plus loin :

Till Hanisch, *Justice et puissance de juger chez Montesquieu*, préface de Catherine Larrère, Paris, Classiques Garnier, 2015.

Catherine Larrère et Catherine Volpilhac-Auger (dir.), *Dictionnaire Montesquieu*, en ligne : https://dictionnaire-montesquieu.ens-lyon.fr/fr/accueil.

Catherine Larrère, *Actualité de Montesquieu*, Paris, Presses de Sciences Po, 1999.

Céline Spector, *Montesquieu. Liberté, droit et histoire*, Paris, Michalon, 2010.

Arthur Danto, critique d'art

Arthur Danto (1924-2013), l'auteur de La Transfiguration du banal, *a profondément marqué la conscience artistique. Tout peut aujourd'hui devenir art, et Danto s'en réjouit. Son activité de critique d'art fait écho à une élaboration philosophique impressionnante comme à sa propre pratique artistique, lui qui a été artiste dans sa jeunesse.*

Arthur Danto ne s'est pas contenté de théoriser la question « qu'est-ce que l'art ? » à partir d'une interrogation sur les frontières poreuses entre art et réalité. L'auteur du « Monde de l'art » appartenait aussi à ce monde en sa qualité de critique d'art.

Né en 1924, Arthur Danto devient critique d'art pour la revue *The Nation* à partir de 1984. Il a alors 60 ans et mène en parallèle une brillante carrière de professeur de philosophie à l'université Columbia à New York. Ses articles, comme critique d'art, ont été traduits en français et publiés sous le titre *La Madone du futur*. Ce titre, conforme à l'original américain, reprend celui d'une nouvelle d'Henry James dans laquelle un peintre, Théobald, ambitionne de portraiturer une madone parfaite. Paralysé par son désir de perfection, le peintre n'arrivera jamais à commencer son chef-d'œuvre. Dans sa préface à *La Madone du futur*, il motive ce choix par deux raisons. D'une part, ce titre illustre bien à ses yeux son rapport à la temporalité et au fait qu'il appréhende le futur comme s'il était déjà là : « J'essaie souvent, écrit-il, de voir le futur regardant en arrière vers le présent comme s'il était déjà passé[1]. » D'autre part, comme il l'affirme avec humour, les titres ne sont pas soumis au copyright aux États-Unis, si bien que l'on peut librement faire usage d'un titre, se l'approprier et lui donner une signification autre que celle donnée par son auteur original. Ce geste d'appropriation est, du reste, typique de l'art contemporain.

1. Arthur Danto, *La Madone du futur*, trad. par Claude Hary-Schaeffer, Paris, Seuil, 2003, p. 15.

Arthur Danto fixe trois objectifs à son activité de critique d'art.

D'abord, la critique d'art doit mettre au jour la signification d'une œuvre. Cela semble aller de soi, mais ce n'est pas toujours le cas. L'idée qu'une œuvre d'art recèle une signification n'est pas partagée par tout le monde. Certains considèrent parfois que l'œuvre se suffit à elle-même et que sa réception se réduit à sa seule expérience sensible. En dehors de l'expérience sensible que nous faisons d'une œuvre, il n'y aurait rien à en dire. Danto conteste vigoureusement l'idée que notre rapport à l'art se limite à une expérience purement esthétique de type sensualiste. Le deuxième objectif est de rédiger des articles qui puissent être lus et compris sans qu'il soit nécessaire d'avoir vu l'exposition dont parle le critique. *The Nation* est, en effet, diffusé dans tout le territoire américain. Or, la plupart des œuvres d'art qu'analyse Danto sont exposées à New York. Ainsi, un lecteur ou une lectrice de Californie ou du Texas doivent pouvoir comprendre le contenu de l'œuvre sans pour autant la voir directement. Enfin, le troisième objectif consiste précisément à ne choisir que des œuvres qu'il estime et qu'il apprécie. Arthur Danto condamne la « méchanceté », c'est le terme qu'il emploie, de certains critiques qui prennent plaisir à dénigrer et à se moquer du travail des artistes. Au fond, ces trois objectifs reposent sur un même principe : la générosité. Le goût de l'art ne se réduit pas à une expérience privée et se communique (premier objectif). Le critique d'art rend disponibles les œuvres pour celles et ceux qui n'ont pas l'opportunité de les voir (deuxième objectif). La profondeur et la pertinence de la critique ne se mesurent pas à l'aune de sa puissance de démolition, mais, à l'inverse, à sa puissance à accueillir le travail de création des artistes (troisième objectif).

Son métier de critique est, de fait, très proche de son activité de philosophe. Il fait de la philosophie de l'art comme il écrit des critiques d'art.

Ses deux activités, philosophie et critique d'art, ont d'abord en commun de prendre l'art comme objet privilégié. Mais il y a aussi des similitudes dans sa manière d'écrire à la fois précise, bienveillante et enjouée. Les exigences de clarté, de cohérence et de concision qu'il s'impose pour rédiger ses articles sont aussi des qualités du philosophe.

Toutefois, ces deux formes d'écriture ne se recoupent pas totalement. Le temps de la critique d'art est un temps contraint, très différent du temps libre de la philosophie de l'art.

On a rappelé qu'il n'était pas nécessaire d'avoir vu les expositions pour comprendre les articles de Danto. Il n'en reste pas moins qu'il écrit aussi en pensant aux lecteurs susceptibles d'aller voir les œuvres commentées. Comme il l'écrit, « une partie de ma tâche consiste à armer mes lecteurs d'un ensemble de réflexions à la lumière desquelles ils peuvent aborder les expositions[1] ». Le lecteur doit donc pouvoir lire la critique assez tôt pour avoir le temps de se rendre au musée ou à la galerie d'art. Rien de tel évidemment dans l'écriture philosophique où le lien temporel avec le lecteur est très différent.

Tirons jusqu'au bout le fil du paradoxe : on pourrait croire que la critique d'art a été le laboratoire de l'esthétique philosophique

1. *Ibid.*, p. 9.

d'Arthur Danto. La chronologie montre qu'il n'en est rien : Danto fixe les idées forces de sa pensée en 1964, vingt ans avant de devenir critique d'art. On dit souvent que la perception des œuvres d'art permet d'aiguiser les concepts, mais, chez Arthur Danto, il se peut que l'inverse se soit produit.

Pour aller plus loin :

Arthur Danto, « Le monde de l'art » (1964), *in* Danielle Lories, *Philosophie analytique et esthétique*, Paris, Klincksieck, 1988.

Arthur Danto, *La Transfiguration du banal. Une philosophie de l'art*, Paris, Seuil, 1989.

Arthur Danto, *La Madone du futur*, trad. par Claude Hary-Schaeffer, Paris, Seuil, 2003.

David Zerbib, « Portrait du philosophe en artiste et critique. Entretien avec Arthur Danto », *Proteus*, n° 7, 2014.

Cahiers philosophiques, numéro « Arthur Danto », Réseau Canopé, vol. 1, n° 144, 2016.

Marc Aurèle, empereur

Marc Aurèle (121-180 apr. J.-C.) est empereur de Rome durant vingt ans, de 161 à sa mort en 180. Formé au stoïcisme dans sa jeunesse, c'est en stoïcien qu'il monte sur le trône et c'est en philosophe responsable d'un immense empire qu'il écrit ses Pensées pour moi-même, *dernier écrit important de la longue histoire du stoïcisme.*

De nombreux rois ou chefs d'État se sont autoproclamés philosophes, comme le roi de Prusse Frédéric II, auteur d'un *Anti-Machiavel*. Mais seul Marc Aurèle est à la fois réellement un chef d'État et un philosophe au sens plein du terme. Il est le dernier des grands empereurs dits « Antonins » réputés pour leur sagesse et leur modération : le dernier aussi des philosophes stoïciens de premier plan.

Né en 121 après Jésus-Christ à Rome, Marc Aurèle est élevé dans une famille fortunée. Il étudie dans sa jeunesse la rhétorique, la philosophie stoïcienne et le dessin. Il est adopté par l'empereur Antonin le Pieux, à qui il succède en 161, à l'âge de 40 ans. Il exercera pendant les vingt années suivantes les responsabilités d'empereur. C'est un événement extraordinaire, comme le dit Pierre Hadot : « Rome a un empereur qui fait profession d'être un philosophe, et qui plus est un philosophe stoïcien[1]. »

Être empereur est un métier effrayant : l'Empire romain couvre à l'époque tout le bassin méditerranéen, les séditions intérieures et les guerres extérieures sont nombreuses, sans compter les catastrophes naturelles, tremblements de terre et épidémies de peste qui relèvent aussi de sa compétence. Un empereur doit être un organisateur et un homme de décision, il doit également être un excellent orateur et un guerrier accompli. Or Marc Aurèle se méfie de la rhétorique et n'aime pas la guerre. Mais il

1. Pierre Hadot, *La Citadelle intérieure. Introduction aux* Pensées *de Marc Aurèle*, Paris, Fayard, 1992, p. 31.

faut bien qu'il parle en public et qu'il fasse la guerre si son empire est attaqué…

On ne peut pas dire que le métier d'empereur plaît particulièrement à Marc Aurèle, mais il l'exerce avec modération et énergie. Il faut l'imaginer parcourant en tous sens son vaste empire, et c'est très loin de Rome qu'il meurt en 180, en Pannonie, près de l'actuelle Serbie, au cours de l'une des guerres qu'il lui aura fallu mener.

Si toutes ces responsabilités politiques et militaires ne semblent pas laisser beaucoup de place au travail philosophique, il faut se souvenir que Marc Aurèle n'a pas voulu « faire de la philosophie », mais « vivre en philosophe ».

Il est déjà stoïcien quand il monte sur le trône, et sa philosophie est sa manière concrète d'exercer ses responsabilités d'empereur et de faire usage de sa raison comme de ses désirs. Ce n'est pas une théorie, c'est une philosophie en acte.

Marc Aurèle a écrit une série de notes, dépourvues de titre. On les appelle aujourd'hui *Pensées pour moi-même*. Il s'agit d'exhortations qu'il s'adresse à lui-même, pour se conforter dans ses convictions et s'entraîner à les vivre concrètement. Voici une pensée du livre II : « Se dire dès l'aurore : je vais rencontrer un indiscret, un ingrat, un violent, un perfide, un arrogant. Tous leurs défauts leur viennent de ce qu'ils ignorent les biens et les maux[1]. » Traduisons : leurs vices viennent de ce qu'ils ignorent ce qu'est le bien et ce qu'est le mal. On peut se risquer à affirmer que les actuels chefs d'État et de gouvernement rencontrent eux aussi tous les jours des indiscrets, des perfides, des arrogants et des ingrats. Mais quand Marc Aurèle écrit ces lignes, c'est pour s'exhorter lui-même : je vais rencontrer tous ces gens antipathiques, j'ai, pour ainsi dire, rendez-vous avec eux ! Par conséquent, je ne dois pas m'indigner, mais surmonter mon irritation et me souvenir que, s'ils sont arrogants et perfides, c'est qu'ils ignorent le bien et qu'ils ne sont pas philosophes. À moi de les ramener, s'il se peut, dans le sentiment de la communauté humaine.

1. Marc Aurèle, *Pensées*, *in* Maxime Schuhl (dir.), *Les Stoïciens*, trad. par Émile Bréhier, Paris, Gallimard, coll. « Bibliothèque de la Pléiade », 1962, p. 1146.

Tirons jusqu'au bout le fil du paradoxe : ses brèves notes à lui-même adressées ne sont pas des propositions théoriques, ce sont des exercices spirituels destinés à fortifier son âme et à régler son discours et ses passions. Autrement dit, ces textes ne nous sont en principe pas destinés. Et pourtant ils nous parlent, à nous qui ne sommes ni empereurs ni stoïciens. Et s'il nous arrive de rencontrer des arrogants et des indiscrets, souvenons-nous de Marc Aurèle.

Pour aller plus loin :

Marc Aurèle, *Pensées*, *in* Maxime Schuhl (dir.), *Les Stoïciens*, trad. par Émile Bréhier, Paris, Gallimard, coll. « Bibliothèque de la Pléiade », 1962.

Thomas Bénatouïl, *Musonius, Épictète, Marc Aurèle*, in *Les Stoïciens III*, Paris, Les Belles Lettres, coll. « Figures du savoir », 2009.

Pierre Hadot, « La physique comme exercice spirituel ou pessimisme et optimisme chez Marc Aurèle », *Exercices spirituels et philosophie antique*, Paris, Albin Michel, 2002.

Marie de Gournay, éditrice et militante

Marie Le Jars de Gournay (1565-1645), « fille d'alliance » de Montaigne et éditrice infatigable des Essais, *est aussi une écrivaine de conviction et l'autrice de nombreux traités, dont des textes féministes particulièrement vifs.*

Le nom de Marie Le Jars de Gournay est associé à celui de Montaigne, dont elle est la « fille d'alliance ». Elle travaille notamment aux neuf éditions successives des *Essais*, dont la grande édition posthume de 1595. Mais Marie de Gournay est aussi, et peut-être surtout, une philosophe aux idées fermes et au style vigoureux. Ses nombreux traités portent sur des questions de linguistique, de morale et de politique, et contiennent environ 1 700 pages de texte. Pourtant, elle reste inconnue ou trop peu connue comme philosophe, autrice et militante

– le mot n'est pas trop fort – du féminisme. Marie de Gournay est une philosophe engagée, à l'origine d'un des tout premiers traités prônant « l'égalité des hommes et des femmes ».

Née en 1565, Marie de Gournay découvre à 18 ans les *Essais* de Montaigne. Cette lecture l'enthousiasme, et va bouleverser sa vie. En 1588, elle rencontre à Paris Montaigne, qui passe ensuite quelques semaines au château de Gournay, en Picardie. Ils ne se reverront plus : Montaigne meurt en 1592. Mais il lui avait accordé sa confiance, et c'est à Marie de Gournay que la veuve de Montaigne confie l'édition augmentée des *Essais* que Montaigne préparait. Gournay publie en 1595 cette édition qu'elle fait précéder d'une préface très personnelle, où on trouve notamment une formule énergique et saisissante qui mérite d'être citée : « Les autres enseignent la sapience, il [Montaigne] désenseigne la sottise[1]. » Désenseigner la sottise, voilà un savoir-faire qui n'est pas donné à tout le monde.

1. Michel de Montaigne, *Les Essais*, éd de Jean Balsamo, Michel Magnien, Catherine Magnien-Simonin, Paris, Gallimard, coll. « Bibliothèque de la Pléiade », 2007, p. 19.

Jusqu'à presque 80 ans, Marie de Gournay défend sans relâche le style et la pensée de Montaigne. Dans une lettre tardive datée de 1639, elle écrit que les *Essais* « ont rendu le français nécessaire à l'Univers[1] ». Ce qu'elle veut dire, c'est que Montaigne a imposé le français comme langue philosophique, à concurrence avec le latin. Selon elle, Montaigne a su, mieux que quiconque, exploiter toutes les ressources littéraires et intellectuelles de la langue française.

Marie de Gournay est très attentive à la qualité de la langue. Cette même attention se retrouve dans ses œuvres personnelles.

Marie de Gournay est une véritable écrivaine, au style vigoureux. Elle polémique notamment contre ce qu'on pourrait appeler la « normalisation » du français dans les premières

1. Lettre de Marie de Gournay à Anne-Marie Schurman datée du 20 octobre 1639, citée par Gilles Banderier *in* « Une lettre inédite de Marie de Gournay (1639) », *Montaigne Studies*, vol. 16, Chicago, 2004, p. 151-155.

décennies du XVIIe siècle. Elle défend les droits de la métaphore, et la langue de la philosophe est extrêmement colorée, souvent mordante, ce qui ne la rend pas toujours facile à lire pour nous aujourd'hui.

Son principal combat concerne *L'Égalité des hommes et des femmes*, pour reprendre le titre de son traité publié en 1622. Elle y prône une stricte égalité, et non une supériorité vengeresse des femmes opprimées sur les hommes oppresseurs. Son ton sera plus vif encore quatre ans plus tard, en 1626, dans son traité *Grief des dames*. La femme y est décrite comme une esclave « qui ne peut et ne veut être que ce qu'il plaît [...] à une foule de sots et de fous, car ainsi faut-il baptiser le commun du monde[1] ». Parmi ces sots et ces fous, les pires sont sûrement ceux qu'elle a connus dans le monde des lettres et des sciences, dont la célébrité et le statut rendent le mépris encore plus intolérable. Par son œuvre, Marie de Gournay a elle aussi cherché à « désenseigner la sottise »,

1. Marie de Gournay, *Grief des dames*, in *La Fille d'alliance de Montaigne. Marie de Gournay*, Paris, Honoré Champion, 1910, p. 92.

mais force est de constater que le commun du monde n'est pas bon élève.

Tirons jusqu'au bout le fil du paradoxe : éditrice, traductrice, critique, polémiste, Marie de Gournay n'est pas seulement, comme on la qualifie toujours, une « femme de lettres », avec tout ce que cette expression, faussement laudative, peut parfois suggérer d'amateurisme et de légèreté. Elle est une écrivaine et une philosophe, dont la langue et le style sont de son siècle, mais dont les indignations et la pensée sont encore du nôtre.

Pour aller plus loin :

Marie de Gournay, *Œuvres complètes*, tomes I et II, Paris, Classiques Garnier, 2002.

Mireille Habert, « La relation au savoir d'une femme au début du 17e s. », *in* Paul Pasteur *et alii* (dir.), *Genre et éducation*, Mont-Saint-Aignan, Presses universitaires de Rouen et du Havre, 2009.

Daniel Martin, « Un discours féminin en quête d'autorité », *in* Philippe Chométy et Sylvie

Requemora-Gros (dir.), *Gueux, frondeurs, libertins, utopiens*, Aix-en-Provence, Presses de l'université de Provence, 2013.

Marie-Frédérique Pellegrin, « "Le bien sur le bord du mal" : la philosophie morale de Marie de Gournay », *in* « Women Philosophers in Early Modern France », éd. de Derval Conroy, *Early Modern French Studies*, vol. 43, 2021.

Thomas Hobbes, conducteur de seigneur

L'illustre auteur du Léviathan, *Thomas Hobbes (1588-1679), a accompagné deux comtes de Devonshire, William Cavendish II (1590-1628) puis son fils William Cavendish III (1617-1684), dans leurs voyages de formation en Europe, leur « Grand Tour », pendant plusieurs années.*

Hobbes naît en 1588 à Malmesbury, dans le sud-ouest de l'Angleterre. C'est un génie précoce : dès ses 15 ans, il traduit non pas en anglais, mais en vers latins la *Médée* d'Euripide. Il se lie avec la famille Cavendish, qui le soutiendra financièrement toute sa vie, lui qui est dépourvu de revenus personnels. C'est ainsi que, dans les années 1610, il accompagne William Cavendish, plus tard comte de Devonshire et membre du Parlement, dans un voyage de plusieurs années qui les emmène à travers la France, l'Italie et l'Allemagne. Vingt ans plus tard, de 1634 à 1636, Hobbes accompagne le fils de William Cavendish, également prénommé William, en France et en Italie. Il s'agit d'une nouvelle pratique sociale qui naît au XVIe siècle et qui se développera jusqu'au XVIIIe siècle. Elle consiste en ce qu'un précepteur accompagne un jeune noble pour un long voyage à l'étranger, ce que les Anglais appellent, en français, le « Grand Tour », expression d'où vient notre mot « tourisme ». Après les études théoriques, les voyages doivent apprendre au jeune noble les langues étrangères, la diversité des coutumes et des usages, et lui permettre de nouer des relations utiles.

Il rencontre à Paris le savant et religieux Marin Mersenne, qui, dans une lettre, décrit Hobbes comme « conducteur d'un seigneur ». « Conducteur d'un seigneur », cela pourrait être une bonne traduction de *Travelling Tutor*. Le conducteur est à la fois un maître d'école et un compagnon de voyage. Il doit s'occuper de toute la logistique, comme on dit aujourd'hui, et organiser les rencontres intellectuelles et mondaines permettant de parfaire l'éducation du jeune noble.

Il y eut de nombreux « conducteurs de seigneurs » à l'âge classique, pas seulement en Angleterre mais aussi en Allemagne ou en Italie. Mais Hobbes est sans aucun doute le plus prestigieux d'entre eux, et le seul philosophe.

Hobbes a exercé ce métier, car il s'agit d'un vrai métier, durant de longues années. Or, il a eu la chance de vivre 91 ans, ce qui est exceptionnel pour l'époque, et c'est dans la seconde partie de cette longue vie qu'il va construire son œuvre philosophique.

En 1636, quand Hobbes revient de son second « Grand Tour », il a déjà 48 ans. Il passera ensuite dix ans à Paris, mais en son nom propre et non plus comme *Travelling Tutor*. C'est à Paris qu'il écrira le traité *Du citoyen* ou le *Léviathan*, qu'il polémiquera avec Descartes et discutera avec tout le monde savant.

Les « Grands Tours » de Hobbes ont-ils nourri sa philosophie ? Certains commentateurs pensent que le premier d'entre eux, qui a lieu peu après l'assassinat de Henri IV par Ravaillac en 1610, a contribué à forger les convictions de Hobbes sur le danger des séditions et l'importance de l'obéissance au pouvoir. C'est possible. Il est, en tout cas, certain que la réflexion de Hobbes s'est nourrie de toutes ses expériences de voyageur et de conducteur de seigneur.

Tirons jusqu'au bout le fil du paradoxe : le *Travelling Tutor* s'instruit lui-même tout en instruisant son élève, et le nom des deux William Cavendish ainsi que les lettres de recommandation dont il dispose lui ouvrent des portes que le nom de Hobbes n'aurait pas forcément suffi à lui ouvrir. On dit souvent que les voyages forment la jeunesse, et le métier de *Travelling Tutor* repose au fond sur ce proverbe. Mais, dans le cas de Hobbes, on peut dire que ses voyages lui ont permis de former les œuvres de sa vieillesse.

Pour aller plus loin :

Jean Boutier, « Le grand tour : une pratique d'éducation des noblesses européennes (XVIe-XVIIIe siècles) », in *Le Voyage à l'époque moderne*,

Paris, Presses de l'université Paris-Sorbonne, n° 27, 2004, p. 7-21 (en ligne sur HAL).

Jean Boutier, « Compétence internationale, émergence d'une “profession” et circulation des savoirs : le tuteur aristocratique dans l'Angleterre du XVIIe siècle », in *Saperi in Movimento*, éd. de Maria-Pia Paoli Pise, Edizione della Normale, 2009, p. 149-177 (en ligne sur HAL).

Karl Schuhmann, *Hobbes. Une chronique. Cheminements de sa vie et de sa pensée*, Paris, Vrin, 1998.

Claude Adrien Helvétius, collecteur d'impôts

Claude Adrien Helvétius (1715-1771) est l'un des philosophes matérialistes les plus importants du XVIIIe siècle, lesquels passent pour avoir préparé la Révolution française. Helvétius a pourtant exercé, pendant treize ans, les fonctions de fermier général, c'est-à-dire de collecteur d'impôts, soit la fonction la plus haïe de l'Ancien Régime.

Né en 1715, Helvétius professe un matérialisme radical, qu'il expose en 1758 dans son livre *De l'esprit*. Mais cette publication suscite un tel tollé qu'il doit se rétracter publiquement. Il écrira ensuite un traité intitulé *De l'homme*, qui ne paraîtra qu'après sa mort. « Tout se réduit à sentir », écrit-il ; « se réduire », le terme est capital, car Helvétius professe un réductionnisme assumé. Cette radicalité n'est pas seulement épistémologique. Parlant de la traite des Noirs, Helvétius écrit : « Il n'arrive point de barrique de sucre en Europe qui ne soit teinte de sang humain[1]. » Cette phrase terrible marquera beaucoup Diderot.

On pourrait croire qu'une pensée aussi radicale est le fait d'un individu isolé, en marge de la société. Il n'en est rien. Le père d'Helvétius était médecin de Louis XIV puis de la reine Marie Leszczynska, épouse de Louis XV. Sa famille était très fortunée, et sa femme, Anne-Catherine Helvétius, tiendra un célèbre salon littéraire jusqu'à la fin du XVIIIe siècle. Cette fortune familiale permet à Helvétius d'acheter une charge de fermier général en 1738, il a alors 23 ans. Il exercera ces fonctions pendant treize ans, jusqu'en 1751, et y gagnera beaucoup d'argent.

La Ferme générale consiste en une délégation que le roi fait à un particulier de la collecte des impôts. Le fermier général lève les impôts dans la région dont il a la charge, et les reverse à l'État

1. Claude-Adrien Helvétius, *De l'esprit*, tome I, chap. III, discours I, éd. de Jonas Steffen, Paris, Honoré Champion, 2016, p. 67. Cette citation est extraite d'une note d'Helvétius.

non sans en garder, de façon légale, une partie pour lui-même. Les fermiers généraux étaient les agents du pouvoir les plus haïs de l'Ancien Régime, et beaucoup d'entre eux furent guillotinés pendant la Révolution française, dont le célèbre chimiste Antoine Lavoisier. Helvétius étant mort en 1771, la question ne s'est pas posée pour lui.

La Ferme générale donne une coloration un peu étonnante à la philosophie matérialiste d'Helvétius.

Certains historiens ont imaginé un Helvétius favorable aux opprimés, incitant même les Bordelais à réagir contre l'impôt frappant le vin. D'autres, à l'inverse, l'ont imaginé en philosophe jouisseur et dilettante, n'exerçant pas sérieusement ses responsabilités. Dans les deux cas, au fond, il s'agit de dissocier Helvétius de son métier de fermier général. Mais un document capital, découvert il y a une soixantaine d'années, publié et étudié par l'historien Roland Desné, révèle tout autre chose. Il s'agit d'un rapport sur la tournée réalisée par le fermier général Helvétius dans les

Ardennes en 1738. Très documenté, il détaille la situation des différents villes et villages des Ardennes, montrant que le futur philosophe agit en grand commis de l'État royal. Un second document, datant des années 1744-1745, montre Helvétius proposant de réformer la levée des impôts et suggérant de supprimer certains péages en Lorraine, où il menait une mission d'inspection. Il s'agissait de rationaliser le système fiscal en articulant mieux intérêt particulier et intérêt général. Or c'est à cette période qu'Helvétius rédige *De l'esprit*, dans lequel il écrit : « [...] les hommes, sensibles pour eux seuls, indifférents pour les autres, ne sont nés ni bons ni méchants, mais prêts à être l'un ou l'autre, selon qu'un intérêt commun les réunit ou les divise[1]. »

Tirons jusqu'au bout le fil du paradoxe : « Les vertus méritoires ne sont jamais des vertus sûres[2] », écrit Helvétius. On pourrait voir du cynisme dans cette déclaration, mais il s'agit plutôt d'un constat empirique. Être collecteur

1. *Ibid.*, tome I, chap. XXIV, discours II, p. 200.
2. *Ibid.*, tome I, chap. XVI, discours III, p. 287.

d'impôts offre sans doute un observatoire propice pour étudier les ressorts des comportements humains. La seule question est de savoir si les êtres humains ne disposent pas aussi d'autres types de motivation que le seul intérêt.

Pour aller plus loin :

Claude-Adrien Helvétius, *De l'esprit*, éd. de Jonas Steffen, Paris, Honoré Champion, 2016.

Roland Desné, « La tournée du fermier général Helvétius dans les Ardennes (1738) », *Dix-huitième siècle*, n° 3, 1971, p. 3-40.

Gérard Gayot, « La ferme générale dans les Ardennes en 1738. Le témoignage d'Helvétius », *Dix-huitième siècle*, n° 3, 1971, p. 73-94.

Marie-Thérèse Inguenaud, « Le fermier général Helvétius en Lorraine : un projet de réforme (1744-1745) », *Dix-huitième siècle*, n° 18, 1986, p. 201-213.

Cicéron, avocat

Avocat, consul, philosophe, écrivain dont le style marquera l'histoire de la littérature (le « cicéronianisme »), Cicéron (106 av. J.-C.-43 av. J.-C.) a exercé plusieurs métiers. Mais c'est comme avocat qu'il s'est imposé dans la vie politique à la fin de la République romaine.

Cicéron est deux fois orateur, comme avocat dans le prétoire et comme homme politique au Sénat ou sur le Forum. Cicéron est né en 106 avant notre ère, à Arpinum, petite ville de province, dans une famille aisée mais sans surface politique. Il est ce que les Romains appelaient un *homo novus*, un homme nouveau dans les affaires publiques. C'est pourquoi il choisit le métier d'avocat, qui lui permet de se faire connaître et de gagner de l'argent, afin d'accéder ensuite aux plus hautes fonctions.

Il plaide avec succès pour disculper un homme indûment accusé de parricide, sa carrière est lancée. Depuis sa jeunesse, Cicéron pratique aussi la philosophie, qu'il ne pense pas incompatible avec l'art oratoire.

Philosophiquement, Cicéron se présente comme un sceptique, mais il a également des sympathies pour le platonisme. Ses grands traités philosophiques *De la nature des dieux* ou *Des termes extrêmes des biens et des maux* sont des dialogues fictifs, où se confrontent des représentants des grandes écoles philosophiques. C'est une manière pour Cicéron de présenter aux Romains les écoles philosophiques grecques, et aussi de traduire en latin les concepts grecs fondamentaux. Cicéron parle aussi couramment le grec que le latin, mais il considère que la philosophie grecque peut être détachée de sa langue et être transposée sans perte dans une autre. Ce geste est philosophiquement très important : il libère la pensée philosophique de son ancrage dans une langue particulière.

Il y a une continuité complexe entre le travail philosophique de Cicéron et son métier d'avocat ou d'orateur.

L'art oratoire a trois buts : émouvoir, enseigner et persuader. Cela se fait en temps réel, et Cicéron insiste beaucoup sur le rôle du langage corporel, de l'expression du visage, des gestes de la main, et sur la voix de l'orateur. Or tout cela disparaît dans la prose philosophique écrite, même quand elle rapporte un dialogue fictif, comme dans les textes évoqués plus haut. Dans son traité *De l'orateur*, Cicéron évoque le trac de l'avocat : « plus un orateur a de valeur, plus il est sujet à la panique[1] », parce qu'il sait que, s'il fait une erreur, son adversaire ne la lui pardonnera pas, et le public non plus. Il ajoute : « c'est une tâche périlleuse que de parler seul au milieu d'une assemblée nombreuse qui se tait pour vous écouter. Chacun est plus attentif aux défauts de l'orateur qu'à son mérite, et ses moindres ratés font oublier tout le reste[2]. » Cicéron dit même qu'un orateur qui n'a jamais le trac ne peut pas être un bon orateur[3]. Or,

1. Cicéron, *De l'orateur*, livre I, § 120, in *L'Invention de l'orateur. Cicéron, Quintilien, saint Augustin*, éd. et trad. par Patrice Soler, Paris, Gallimard, coll. « Tel », 2021.

2. *Ibid.*, livre I, § 116.

3. *Ibid.*, livre I, § 119.

les personnages d'un dialogue philosophique n'ont jamais le trac, parce qu'ils ne parlent pas réellement.

Il faut signaler ici une étrangeté. Si nous connaissons les plaidoiries et les discours de Cicéron, c'est qu'il les a écrits et diffusés. Sur les sept discours dirigés contre Verrès, seuls deux ont été réellement prononcés, les cinq autres sont simplement écrits. On s'est donc demandé si, dans son travail d'avocat, Cicéron ne faisait pas passer la dimension littéraire avant la recherche de l'efficacité. Il répondrait certainement que l'une ne va pas sans l'autre.

Tirons jusqu'au bout le fil du paradoxe : presque tous les traités philosophiques de Cicéron sont des dialogues fictifs, alors que ses plaidoiries d'avocat sont des discours réels, adressés à un interlocuteur dont nous ne connaissons pas les propos. Et pourtant, la voix proprement philosophique de Cicéron se donne plus fortement à entendre dans les dialogues fictifs, dont les conclusions restent ouvertes, que dans ses plaidoiries.

Pour aller plus loin :

Cicéron, *Seconde action contre Verrès*, Paris, Les Belles Lettres, coll. « Budé », 1960.

Cicéron, *L'Affaire Verrès*, Paris, Les Belles Lettres, coll. « Le Goût des idées », 2015.

Cicéron, *De l'orateur*, in *L'Invention de l'orateur. Cicéron, Quintilien, saint Augustin*, éd. et trad. par Patrice Soler, Paris, Gallimard, coll. « Tel », 2021.

Carlos Lévy, « Des *Partitions* aux *Tusculanes*. Le dialogue cicéronien en mutation », *in* Laurence Boulègue, Giorgio Ieranò et Alice Bonandini (dir.), *Le Dialogue de l'Antiquité à l'âge humaniste. Péripéties d'un genre dramatique et philosophique*, Paris, Classiques Garnier, 2023.

Claude Nicolet, *Le Métier de citoyen dans la Rome républicaine*, Paris, Gallimard, 1976.

Barbara Cassin, pédagogue pour adolescents psychotiques

C'est avec des adolescents psychotiques, dont l'un complètement mutique, que Barbara Cassin (née en 1947) commence à travailler la question de la langue, qui est l'objet et le fil rouge de tous ses travaux et de tous ses écrits.

La philosophe qui occupe aujourd'hui le 36e fauteuil de l'Académie française a un parcours personnel et intellectuel aussi riche que foisonnant. En parallèle à l'écriture de sa thèse de doctorat consacrée à la sophistique et publiée en 1980 sous le titre *Si Parménide*, Barbara Cassin s'est occupée d'adolescents psychotiques entre 1974 et 1976 à l'hôpital de jour Étienne-Marcel à Paris. Pour elle, cette expérience n'a rien d'anecdotique et a été déterminante. Aujourd'hui encore, elle considère cette expérience comme l'une des plus importantes de sa carrière. Comme elle l'écrit, « c'est par hasard donc grâce à un amoureux » que l'étudiante, jeune chercheuse en philosophie, se retrouve à exercer un métier qu'elle n'avait pas prévu d'embrasser et pour lequel elle n'était pas formée. Son travail de pédagogue consiste, principalement, à enseigner la langue française à ces « garçons fous » et à « ces filles folles[1] », comme elle les appelle avec tendresse. Et quoi de mieux pour apprendre la langue française que de se plonger, avec celles et ceux qu'elle n'appelle jamais ses élèves, dans l'étude du grec ancien et, plus étonnant encore, dans la langue philosophique de Platon. C'est donc dans l'étrangeté d'un alphabet qui ne ressemble en rien au nôtre et en s'appuyant sur le *Cratyle* de Platon qu'elle amène ces jeunes adolescents à prendre conscience qu'il existe des langues encore plus inconnues que leur propre langue maternelle.

Ces adolescents ont connu des parcours de vie difficiles et beaucoup étaient issus

1. Barbara Cassin, « Noyade d'un poisson », *Avec le plus petit et le plus inapparent des corps*, Paris, Fayard, 2007, p. 48.

de l'Assistance publique comme elle nous le raconte dans son autobiographie philosophique, *Le Bonheur, sa dent douce à la mort*. Pour les réconcilier avec la langue, celle qui leur appartient en propre, elle les conduit à jouer avec les langues et avec les mots. C'est ainsi qu'elle a amené ces adolescents enfermés dans leur mutisme à inventer des étymologies loufoques. C'est avec ce même esprit ludique qu'ils ont conçu un journal qu'ils allaient vendre dans les rues et dont les premiers lecteurs, lectrices plutôt, étaient les prostituées qui se trouvaient au bas de la rue Étienne-Marcel à Paris.

De ce premier travail rémunéré, Barbara Cassin a tiré une nouvelle incisive et bouleversante, intitulée « Noyade d'un poisson » et parue dans son ouvrage *Avec le plus petit et le plus inapparent des corps*. Cette nouvelle sera à nouveau éditée dans l'épilogue de son livre *Jacques le sophiste*, dans lequel elle raconte sa rencontre, dans les années 1975, avec Jacques Lacan qui l'avait sollicitée pour qu'elle lui enseigne ce qu'est la doxographie. Là encore, il est question du pouvoir des mots et du langage.

Cette expérience de pédagogue, sa connaissance aiguë de la psychanalyse comme son travail de philologue et de philosophe ont en commun le travail sur la langue et à partir de la langue.

Comme Barbara Cassin le dit régulièrement dans ses interviews et entretiens : « Je me suis toujours occupée de ce que peuvent les mots. »

Qu'il s'agisse de son travail de réhabilitation des sophistes, rejetés par la tradition philosophique, de son intérêt pour la psychanalyse ou de ces marginaux de la raison que l'on appelle « fous » ou « psychotiques », Barbara Cassin redonne à la parole et au langage toute leur puissance et toute leur complexité. Pour l'humanité, vivre, ce n'est pas tant dire que parler et, surtout, traduire. On ne passe pas d'une langue à une autre sans friction. Chaque langue véhicule un monde qui lui est propre. Cette complexité du langage, Barbara Cassin l'explore dans son *Dictionnaire des intraduisibles*.

Tirons jusqu'au bout le fil du paradoxe : *Plus d'une langue*, tel est le titre d'un ouvrage de Barbara Cassin. C'est aussi la devise qu'elle a fait inscrire sur son épée d'académicienne. Étrange paradoxe que cette philosophe à la marge, que cette philosophe de la marge. En imprimerie, la marge, c'est cet espace blanc, l'espace silencieux, dépourvu de mots. Avec Barbara Cassin, cet espace devient, à l'inverse, le lieu de la fécondité du discours et de la pensée. « Plus d'une langue » pour, précisément, ne laisser personne à la marge.

Pour aller plus loin :

Barbara Cassin, *Si Parménide*, Villeneuve-d'Ascq, Presses universitaires de Lille, 1980.

Barbara Cassin (dir.), *Vocabulaire européen des philosophies. Dictionnaire des intraduisibles*, Paris, Seuil/Le Robert, 2004.

Barbara Cassin, *Jacques le sophiste. Lacan, logos et psychanalyse*, Paris, EPEL, 2012.

Barbara Cassin, *Plus d'une langue*, Montrouge, Bayard, 2012.

Barbara Cassin, *Quand dire c'est vraiment faire*, Paris, Fayard, 2018.

Barbara Cassin, *Le Bonheur, sa dent douce à la mort. Autobiographie philosophique*, Paris, Fayard, 2020.

Entretien avec Barbara Cassin transcrit par Clémentine Paliotta, propos recueillis par Anne-Lorraine Bujon et Anne Dujin, « Dans et pour la langue », *Esprit*, décembre 2019, p. 48-56.

Søren Kierkegaard, rentier

Søren Kierkegaard (1813-1855) a écrit une œuvre considérable qui a profondément marqué la philosophie du XXe siècle, notamment la philosophie dite « existentialiste ». Économiquement, il vivait de la fortune héritée de son père. Pourtant, il aurait souhaité être pasteur…

Kierkegaard est un personnage très singulier. Cette singularité, il en avait conscience au point de vouloir inscrire comme épitaphe sur son tombeau : « Il fut le singulier. » Kierkegaard se considérait avant tout comme un « auteur religieux », mais on a raison de voir en lui un authentique philosophe. Philosophe, il l'est par l'importance de ses écrits pour la philosophie du XXe siècle, en particulier pour ce courant de pensée appelé « existentialisme », mais il l'est aussi par le contenu si original de ses livres.

Né en 1813 à Copenhague d'un père très fortuné, Kierkegaard suit des études de théologie et de philosophie. Il soutient une thèse de philosophie sur *L'Ironie constamment rapportée à Socrate*, et publie de très nombreux ouvrages. À la mort de son père en 1838, il hérite d'une fortune considérable.

Kierkegaard n'a jamais travaillé, au sens où il n'a jamais exercé aucun métier reconnu. Sur le plan économique, Kierkegaard est un rentier. On a longtemps voulu croire qu'il était indifférent à l'argent et ne s'occupait pas de ses finances, cela semblait conforme à l'image un peu idéaliste qu'on a souvent de ce philosophe. Mais c'est inexact. Kierkegaard parle souvent de questions d'argent dans son *Journal*, et, comme plusieurs documents l'attestent, il gère avec beaucoup de soin sa fortune, choisit de bons placements et vend ses valeurs au bon moment. Il n'éprouve aucune honte à être un bourgeois : son combat pour un christianisme authentique est la seule chose qui compte à ses yeux.

Il faut ajouter que ses livres lui rapportent de l'argent. Et sa production littéraire est considérable. Tout cela ne l'empêche pas de grignoter peu à peu son capital, et de mourir pratiquement ruiné en 1855, à l'âge de 42 ans. Il faut croire qu'il dépense plus que ce qu'il possède. On peut donc se demander si la gestion de sa fortune ne serait pas au fond le « vrai » métier de Kierkegaard.

Mais on peut aussi se demander si, à la vérité, Kierkegaard n'exerce pas en cachette un métier, pour ainsi dire, illicite ou refoulé.

Kierkegaard aurait voulu être pasteur de l'Église luthérienne. Il renonce à ce projet parce qu'il estime n'être pas assez digne d'une telle fonction, sans compter qu'il refuse d'obéir à une hiérarchie ecclésiastique qu'il méprise. Son activité de « pasteur contrarié », comme on parle de « gauchers contrariés », consiste à écrire des sermons, mais qu'il ne peut pas appeler « sermons » parce qu'il n'est pas pasteur et qu'il ne peut pas prêcher. Ces sermons, il les appelle alors « discours édifiants ». Ces discours religieux, dont certains sont très beaux, occupent plusieurs des vingt volumes de ses *Œuvres complètes*.

Il faut souligner ici un point remarquable. Ces discours religieux, qui sont en réalité très peu lus, sont signés « Kierkegaard ». Mais les livres philosophiques de Kierkegaard, ceux qui sont effectivement lus, comme *La Reprise*, *L'Alternative* ou *Les Miettes philosophiques*, sont signés de différents pseudonymes. Kierkegaard dit que ses livres philosophiques sont écrits « de sa main gauche », sa main droite écrivant les textes religieux. Kierkegaard, écrivain ambidextre.

Tirons jusqu'au bout le fil du paradoxe : Kierkegaard écrit dans *Crainte et tremblement* que le véritable « chevalier de la foi », le chrétien authentique, ne se remarque pas dans la rue parce qu'il ressemble à un bourgeois de Copenhague. De la même manière, le « vrai » métier de Kierkegaard ne se remarque pas, parce qu'il s'agit d'un métier dissimulé. Et le trait de génie de l'écrivain, c'est d'avoir dissimulé les fruits de ce « vrai » métier, les sermons signés de son nom, derrière les livres spectaculaires qu'il a signés sous différents pseudonymes.

Pour aller plus loin :

Vincent Delecroix, *Singulière philosophie. Essai sur Kierkegaard*, Paris, Éditions du Félin, 2006.

Johannes Hohlenberg, *Søren Kierkegaard*, chap. VII, « Intermède financier », Paris, Albin Michel, 1956.

Søren Kierkegaard, *Œuvres*, Paris, Éditions de l'Orante, vingt volumes (dont plus de cinq consacrés aux « discours édifiants »), 1966 et années suivantes.

Søren Kierkegaard, *Correspondance*, Paris, Éditions des Syrtes, 2003.

Bernard Stiegler, braqueur

Bernard Stiegler (1952-2020) n'est pas le seul philosophe à avoir connu la prison. Socrate et Boèce sont morts en prison, Antonio Gramsci y a passé de nombreuses années et Diderot plusieurs mois. Mais Bernard Stiegler est le seul philosophe à avoir rencontré la philosophie non pas seulement en *prison, mais aussi* par *la prison.*

Rien dans les jeunes années de Bernard Stiegler ne le prédisposait à la philosophie. Sa vie a souvent été racontée, et d'abord par lui-même dans de nombreuses interviews. Né en 1952, il suit une scolarité assez brève puis il enchaîne différents métiers : serveur, employé de bureau, ouvrier agricole, éleveur de chèvres, propriétaire d'un bar qui peine à le nourrir. Il finit par braquer une banque pour renflouer son bar, sans effusion de sang. Il est arrêté et condamné. Il passera cinq années pleines dans les centres de détention de Saint-Michel à Toulouse puis à Muret, de 1978 à 1983. Cinq années d'enfermement, de solitude, de silence. Cinq années de lectures intenses. Cinq années qu'il vit comme une expérience non seulement humaine, mais proprement *philosophique*.

Au sortir de la prison, Bernard Stiegler soutient une thèse sur la technique, puis il est nommé directeur de l'IRCAM, le prestigieux centre de recherches sur la musique et les techniques. C'est à cette époque qu'il parle publiquement de ses années de prison dans un petit livre émouvant et dense, *Passer à l'acte*. Stiegler devient ensuite responsable de la recherche et de l'innovation au Centre Pompidou. Il publie en parallèle une cinquantaine de livres, seul ou à plusieurs mains.

Il est impossible de résumer en quelques mots la pensée protéiforme de Bernard Stiegler. Mais on peut en dégager certaines lignes directrices : la lutte contre la captation de notre attention et de nos capacités psychiques par le marketing et les réseaux sociaux, antisociaux en vérité, ainsi que la dénonciation des risques d'une numérisation prédatrice.

Le danger est, je cite, « la délégation du savoir dans l'automatisme[1] ».

D'autres philosophes ont aussi été emprisonnés, à commencer par Socrate. Mais l'expérience de Bernard Stiegler est singulière.

Bernard Stiegler n'est pas le seul philosophe à avoir fait l'expérience de la prison. Outre Socrate, on peut nommer Diderot ou Antonio Gramsci. Mais il existe une double différence entre l'emprisonnement de Stiegler et ceux de Diderot ou Socrate. Ces derniers sont emprisonnés du fait de leur pensée, alors que Stiegler est emprisonné pour braquage de banque ; par ailleurs la philosophie de Socrate ou Diderot précède leur incarcération et en est même le motif, alors que la philosophie de Stiegler suit son incarcération. C'est en prison que Stiegler expérimente concrètement ce que Husserl appelait l'*épokhè phénoménologique*, c'est-à-dire une attitude d'esprit qui met volontairement entre

1. Bernard Stiegler, *La Technique et le temps*, vol. 1, *La Faute d'Épiméthée*, Paris, Galilée, 1994, p. 96.

parenthèses la croyance spontanée en l'existence du monde extérieur. Le phénoménologue doit d'abord penser *comme si* le monde extérieur n'existait pas. Mais pour Stiegler, dans sa cellule, ce n'est pas un « comme si », c'est la réalité, sa réalité. C'est en ce sens que Bernard Stiegler a rencontré la philosophie non pas seulement *en* prison, mais *par* la prison. De ce point de vue, c'est une expérience unique.

Tirons jusqu'au bout le fil du paradoxe : comme Socrate, dont il analyse l'attitude en prison, Stiegler est fidèle aux lois de la cité, alors même qu'il critique impitoyablement le fonctionnement de la société et ses dérives numériques.

Dans un entretien donné à la revue *Esprit* en 2017, Stiegler dit : « Entre 1978 et 1983, je disais aux personnes avec qui j'étais enfermé : il ne faut pas chercher à s'évader, mais transformer l'expérience de la prison, apprendre à en faire quelque chose, la transfigurer[1]. » Ses propos porteront bien au-delà de la seule expé-

1. Bernard Stiegler, « Critique de la raison impure. Entretien avec Bernard Stiegler », *Esprit*, mars-avril 2017.

rience carcérale. La dernière leçon de Bernard Stiegler est que nous sommes collectivement enfermés dans une nature et un monde en grand danger. Nous ne pouvons pas nous en évader, mais nous devons et nous pouvons « en faire quelque chose », ce qu'il appelle aussi *bifurquer*.

Pour aller plus loin :

Franck Cormerais, « Bernard Stiegler (1952-2020). De *La Technique et le Temps* à la pharmacologie positive », *Hermès*, n° 88, 2021/2, p. 340-348 (en ligne).

Bernard Stiegler, *Passer à l'acte*, Paris, Galilée, 2003.

Bernard Stiegler (dir.), *Réseaux sociaux, culture politique et ingénierie des réseaux sociaux*, Limoges, FYP éditions, 2012.

Bernard Stiegler, « Critique de la raison impure. Entretien avec Bernard Stiegler », *Esprit*, mars-avril 2017.

Bernard Stiegler (dir.), *Bifurquer, il n'y a pas d'alternative*, Paris, Les Liens qui libèrent, 2021.

Épictète, esclave

Épictète (50-125 apr. J.-C.) est le seul grand philosophe à avoir été durablement esclave, avant d'être affranchi (Platon l'avait été brièvement). Être esclave n'est assurément pas un métier, mais c'est une condition de vie qui a profondément marqué la pensée d'Épictète.

La vie d'Épictète nous est très mal connue, mais qu'il ait été esclave ne fait pas de doute. Épictète naît autour de l'an 50 de notre ère et meurt vers 125. Son maître, nommé Épaphrodite, est lui-même un ancien esclave. Avoir été esclave ne vous détourne donc pas, une fois affranchi, d'acheter à votre tour des esclaves !

La condition des esclaves est très variable dans la Rome impériale. Ils peuvent être affectés à des travaux éminemment différents. Au bas de l'échelle, les esclaves qui travaillent aux mines ou dans les champs ; au milieu, ceux qui travaillent dans la maison ; en haut, ceux qui sont médecins ou professeurs. Épictète appartient, vraisemblablement, à cette couche supérieure. Il est même autorisé, dans sa jeunesse, à suivre des cours de philosophie stoïcienne. Il n'en est pas moins esclave et soumis à un maître qui semble être très dur.

Épictète est probablement affranchi assez jeune, mais cette expérience l'a suffisamment marqué pour qu'il y fasse plusieurs fois allusion dans les propos qui lui sont attribués. Comme Socrate, Épictète n'a rien écrit, et c'est à son disciple Arrien que l'on doit les *Entretiens* et le *Manuel d'Épictète*, véritable *best-seller* philosophique depuis l'Antiquité.

Épictète insiste sur la distinction entre « les choses qui dépendent de nous » et « les choses qui ne dépendent pas de nous ». Toute la matière de l'action et de la liberté humaines est contenue dans les choses qui dépendent de nous. Régler nos désirs et nos pensées dépend de nous, mais les événements extérieurs ne dépendent pas de nous, et il faut les accepter comme ils viennent, y compris la souffrance et la mort, et donc aussi l'esclavage.

Épictète, ancien esclave, ne condamne pas l'esclavage.

Cela peut nous surprendre ou même nous choquer, mais l'esclavage, dans l'Antiquité, est une institution qui va de soi et qui semble naturelle. Épictète ne le condamne donc pas. Il y a bien sûr des révoltes d'esclaves – celle de Spartacus est la plus célèbre, un peu plus de un siècle avant la naissance d'Épictète. Mais ni les stoïciens ni les théologiens chrétiens du monde gréco-romain ne remettent en cause l'esclavage. Ils demandent simplement aux maîtres de bien traiter leurs esclaves et de réduire au minimum les châtiments corporels.

Épictète condamne pourtant une certaine forme d'esclavage : celui qui nous attache à nos désirs et nos passions, notre dépendance envers les biens matériels ou les positions sociales. L'esclave veut être libre, dit Épictète, parce qu'il pense qu'il aura une vie plus facile. Mais il se trompe. S'il ne règle pas ses désirs, l'ancien esclave se rendra dépendant d'autrui. Épictète dit : « Arrivé au sommet et devenu sénateur, il subit un nouvel esclavage dès qu'il entre au Sénat, le plus beau et le plus tenace des esclavages[1]. » Tout ce qui nous met dans la dépendance d'autrui, que ce soit l'amour, l'opinion publique ou la réussite sociale, est une forme d'esclavage. Le flatteur ou le candidat ne sont pas libres. Quant à Épictète, il vit pauvrement et laisse sa maison ouverte parce qu'il n'y a rien à y voler.

Tirons jusqu'au bout le fil du paradoxe : l'esclave, dit Épictète, passe son temps à être attentif aux désirs de son maître au lieu d'être attentif à lui-même. La vraie liberté consiste à ne désirer que les choses qui dépendent de nous, c'est-à-dire l'amélioration de son âme et le bon usage de sa volonté. La plupart des sociétés ont aujourd'hui aboli l'esclavage et son lot de violences ; mais les formes d'esclavage volontaire dénoncées par l'ancien esclave Épictète, moins violentes et plus insidieuses, empêchent toujours l'homme d'être véritablement libre.

---

1. Épictète, *Entretiens*, livre IV, chap. I, « De la liberté », éd. de Joseph Souilhé et Armand Jagu, trad. par Joseph Souilhé, Paris, Les Belles Lettres, 1991.

Pour aller plus loin :

Marc Bloch, « Comment et pourquoi finit l'esclavage antique », *Annales. Économie, Sociétés, Civilisations*, n° 1, janvier-mars 1947 (première partie) et n° 2, avril-juin 1947 (seconde partie) (en ligne).

Jean Christian Dumont, *Servus. Rome et l'esclavage sous la République*, Rome, Éditions de l'École française de Rome, 1987.

Épictète, *Entretiens* (réunis par Arrien de Nicomédie) et *Manuel*, *in* Maxime Schuhl (dir.), *Les Stoïciens*, trad. par Émile Bréhier, Paris, Gallimard, coll. « Bibliothèque de la Pléiade », 1962.

Claude Lévi-Strauss et Dina Dreyfus, ethnologues

C'est avec Dina Dreyfus (1911-1999), qui était alors son épouse, que Claude Lévi-Strauss (1908-2009) prend part à deux missions ethnologiques au Brésil en 1935-1936 et 1938-1939. Il en reviendra ethnologue. Le couple se séparera en 1939, Claude continuant en ethnologie et Dina retrouvant la philosophie.

La vie, la deuxième vie, de Claude Lévi-Strauss commence en 1935 quand il part pour le Brésil. Comme souvent dans l'existence, c'est au détour d'un banal épisode, presque accidentel, qu'une vie prend soudainement une trajectoire qui bouleverse à jamais son cours. Pour Lévi-Strauss, ce sera un coup de téléphone reçu à 9 heures un dimanche matin d'octobre 1934, de la part de Célestin Bouglé, alors directeur de l'École normale supérieure. Bouglé lui propose de présenter sa candidature à un poste de professeur de sociologie à São Paulo. C'est ainsi que le jeune professeur de philosophie quitte le poste qu'il occupe à Laon dans l'Aisne. Si ce n'est pas par vocation que Lévi-Strauss s'oriente vers l'ethnographie, c'est tout de même à la suite d'un appel. Cette mission est, pour lui, bien plus qu'une opportunité. C'est, comme il le dira, « sa planche de salut ». Lévi-Strauss ne se sent pas à sa place dans l'enseignement de la philosophie qu'il juge assez sévèrement comme, dit-il, « un exercice de l'intelligence qui, en même temps, dessèche l'esprit[1] ».

Pour autant, sa rencontre avec l'ethnologie n'a pas commencé par une expérience immersive au sein d'une société indigène. Cette rencontre est d'abord intellectuelle. C'est en France, pour ainsi dire, que le philosophe fait son premier voyage ethnologique, par la lecture de l'ouvrage de l'anthropologue autrichien Robert Harry Lowie, *Primitive Society*.

1. Claude Lévi-Strauss, *Tristes tropiques*, partie II, « Feuilles de route », chap. VI, « Comment on devient ethnographe », Paris, Plon, p. 55.

Le voyage, à proprement parler, commence un matin de février 1935 lorsque Lévi-Strauss embarque sur le port de Marseille en direction du port de Santos dans l'État de São Paulo. Mais Lévi-Strauss n'est pas parti seul. Il est accompagné de son épouse, Dina Dreyfus, qui est également philosophe. Cette précision est essentielle.

Du reste, Dina Dreyfus n'accompagne pas tant Claude Lévi-Strauss qu'ils ne s'accompagnent mutuellement.

Elle mène en effet son propre travail d'enquête ethnologique et est mandatée, au même titre que Lévi-Strauss, par les autorités brésiliennes et françaises. Les carnets de cette expédition ayant été perdus, ce séjour est peu documenté. Les deux ethnologues sont, entre autres, chargés d'explorer un site archéologique. Ils rencontrent notamment des Indiens de l'ethnie Terêna. Si on associe en général cette expédition au seul Claude Lévi-Strauss, son travail est indissociable de celui de Dina Dreyfus. Comme l'écrit Marcel Mauss dans une lettre du 20 février 1936 adressée à Claude Lévi-Strauss : « naturellement cette lettre s'adresse aussi à votre femme. Je la confonds avec vous, même dans mon esprit ». Cette confusion est bien ambiguë, puisqu'elle traduit à la fois la reconnaissance et l'effacement du travail de Dina Dreyfus.

Lors de cette expédition, Claude Lévi-Strauss et Dina Dreyfus rencontrent deux peuples amérindiens : les Caduvéo et les Bororo. Claude Lévi-Strauss décrit dans *Tristes tropiques* les modes de vie de ces deux peuples, la manière dont ils s'habillent, leur mode de consommation et la façon de boire le maté. On y apprend aussi que, chez les Caduvéo, je le cite, « l'avortement et l'infanticide étaient pratiqués de façon presque normale[1] » et que les enfants, jusqu'à l'âge de 14 ans, sont élevés en dehors du cercle familial.

Tirons jusqu'au bout le fil du paradoxe ou plutôt de la contradiction : « contradiction », c'est le mot que Claude Lévi-Strauss emploie dans *Tristes tropiques* lorsqu'il décrit la position de l'ethnologue tiraillé entre le refus méthodologique

1. *Ibid.*, p. 206.

de juger les pratiques des sociétés qu'il étudie, et le devoir éthique de condamner dans ces sociétés des pratiques qu'il condamne dans sa propre société, par exemple l'infanticide. C'est sans doute le genre de contradictions que l'on est condamné à vivre sans jamais pouvoir les résoudre entièrement. Mais comme l'écrit philosophiquement Lévi-Strauss, « à vouloir tout comprendre, on renonce à tout changer[1] ».

Pour aller plus loin :

Frédéric Keck, *Claude Lévi-Strauss. Une introduction*, Paris, Pocket, 2005.

Claude Lévi-Strauss, *Tristes tropiques*, Paris, Plon, 1955.

Claude Lévi-Strauss, *Anthropologie structurale*, Paris, Plon, 1958 (tome I), 1973 (tome II).

Robert Harry Lowie, *Primitive Society*, New York, Liveright, 1947 [1920].

Emmanuelle Loyer, *Lévi-Strauss*, Paris, Flammarion, 2015.

---

1. *Ibid.*, partie IX, « Le retour », chap. XXXVIII, « Un petit verre de rhum », p. 446.

Élisabeth de Bohême, abbesse

Élisabeth de Bohême (1618-1680) est d'abord connue pour avoir entretenu une longue correspondance avec Descartes. Mais les recherches récentes montrent qu'elle est beaucoup plus que la correspondante d'un « grand philosophe ».

La vie d'Élisabeth est singulière et, même, romanesque. Elle est née en 1618, son père devient roi de Bohême en 1620, mais il est renversé en 1621, Élisabeth a 3 ans. Elle sera toute sa vie une princesse en exil. Elle se passionne pour la philosophie et les sciences, et elle rencontre Descartes qui vit aussi en Hollande. Descartes est frappé par son extrême intelligence et sa vivacité. C'est à elle qu'il dédie, en 1644, ses *Principia philosophiae*. Il faut mesurer la portée de ce geste extraordinaire. À l'époque, il est plutôt d'usage pour un auteur de dédier son livre à un personnage illustre, à un potentiel protecteur. Descartes dédie ses *Principes de la philosophie* à une petite princesse sans importance de 26 ans ! C'est une grande marque de respect intellectuel.

Descartes et Élisabeth échangeront de nombreuses lettres entre 1643 et 1649 ; ils parlent de l'union de l'âme et du corps, de questions médicales, de morale et de politique. Élisabeth est une femme de caractère. Calviniste intransigeante, elle refuse d'épouser un prince catholique. En 1667, elle devient abbesse de l'abbaye luthérienne d'Herford, en Westphalie, alors qu'elle-même est calviniste. Elle y mourra en 1680.

On a longtemps lu Élisabeth à travers les yeux de Descartes, en lui reconnaissant le mérite d'avoir posé de bonnes questions au philosophe. Mais ce n'étaient pas des questions, c'étaient des objections. Élisabeth demande à Descartes « une définition de l'âme plus particulière qu'en votre Métaphysique[1] ». C'est lui objecter que

1. Lettre d'Élisabeth à Descartes, 16 mai 1643, *in* René Descartes, *Correspondance avec Élisabeth et autres lettres*, éd de Jean-Marie Beyssade et Michelle Beyssade, Paris, Flammarion, 1989, p. 65.

sa théorie s'applique mal à la singularité d'un corps, d'une âme, ou plus simplement encore d'une personne concrète. Descartes accepte l'objection et son traité *Les Passions de l'âme* est largement issu de ses discussions avec Élisabeth. Leur correspondance ne ressemble à aucune autre : elle n'est pas abstraite, elle est un véritable dialogue entre deux personnes concrètes. Comme l'écrit Jean-Marie Beyssade, « le véritable correspondant est celui qui ne disparaît pas avec les réponses[1] ». Élisabeth ne disparaît pas avec les réponses de Descartes. Elle se déclare « ignorante et indocile » : ignorante, c'est faux, mais indocile, c'est vrai. Son indocilité relance la correspondance, qui se prolongera jusqu'à la mort de Descartes.

Élisabeth n'a rien publié, mais elle a beaucoup écrit.

Pour l'essentiel, ses écrits consistent en correspondances, très nombreuses, et que l'on connaît de mieux en mieux depuis qu'on a cessé de voir en elle un simple faire-valoir de

1. *Ibid.*, p. 19.

Descartes. Elle ne voulait d'ailleurs pas que ses lettres circulent, encore moins qu'elles soient publiées.

Mais c'est paradoxalement à travers son action comme abbesse de l'abbaye d'Herford que l'on peut comprendre de quelle nature est son œuvre philosophique. Élisabeth accueille dans son abbaye des intellectuels atypiques ou des protestants dissidents comme William Penn, le futur fondateur de l'actuel État américain de Pennsylvanie, qui vient à Herford en 1677 pour échanger avec elle. Elle est aussi en correspondance avec Leibniz, qui lui rend visite en 1678, avec Malebranche, avec Marie de Gournay, la « fille d'alliance » de Montaigne, et avec beaucoup d'autres. Élisabeth construit un véritable réseau européen de philosophie vivante.

Tirons jusqu'au bout le fil du paradoxe : intrépide et polyglotte (elle parle six langues), Élisabeth de Bohême, princesse sans royaume, philosophe sans livres et sans articles, construit une œuvre sans égale : un espace de discussions « indociles », dans son abbaye comme dans ses multiples correspondances.

Pour aller plus loin :

René Descartes, *Principia Philosophiae*, *Œuvres philosophiques*, tome III, éd. de Ferdinand Alquié, Paris, Classiques Garnier, 1973, dédicace « À la sérénissime princesse Élisabeth », p. 87-90.

René Descartes, *Correspondance avec Élisabeth et autres lettres*, éd de Michelle et Jean-Marie Beyssade, Paris, Flammarion, coll. « GF », 2018 (ce volume comprend les réponses d'Élisabeth).

Delphine Kolesnik-Antoine et Marie-Frédérique Pellegrin (dir.), *Élisabeth de Bohême face à Descartes : deux philosophes ?*, Paris, Vrin, 2014.

Marie-Frédéric Pellegrin, « Descartes et Élisabeth : dialoguer avec une femme, la correspondance comme lieu de la philosophie », *in* Olivier Ribordy et Isabelle Wienand (dir.), *Descartes en dialogue*, Basel, Schwabe Verlag, 2019.

Friedrich Nietzsche, philologue

Nommé à 24 ans professeur de philologie classique à l'université de Bâle, Nietzsche (1844-1900) y enseigne pendant dix ans. Devenu philosophe à temps plein, il fait de la notion de philologie un usage métaphorique et critique.

Il y a plusieurs manières de concevoir la philologie, plusieurs méthodes, et ce que l'on entend par philologie en France n'est pas tout à fait la même chose qu'en Allemagne par exemple. Cette absence de consensus est sûrement encore plus vraie au XIXe siècle, à l'époque de Nietzsche. Mais, nonobstant les différences et les divergences, on peut définir cette discipline *a minima* comme un « art de lire », ou, même, comme l'art de pouvoir faire lire. La tâche du philologue consiste à travailler des textes anciens pour les rendre à nouveau disponibles et les offrir à notre compréhension. Le philologue s'assure de l'identité de l'auteur, de l'authenticité du contenu, et cherche à établir le texte qui paraît le meilleur à partir des copies parfois disparates et en l'absence du manuscrit original. Il propose une contextualisation linguistique et historique sans laquelle un écrit demeure obscur. Dans son sens général, la philologie est donc l'étude critique d'un texte.

Mais Nietzsche va plus loin dans sa conception de la philologie et en propose aussi un usage métaphorique. C'est dans cette perspective, par exemple, que Nietzsche, dans la *Généalogie de la morale*, dit qu'on peut considérer la longue histoire de la morale humaine comme un texte : étudier ce texte compliqué de façon critique est un travail de philologue, en un sens métaphorique. Or, Nietzsche a commencé par pratiquer réellement cette discipline. Ses travaux d'étudiant sur la poésie grecque sont si remarquables qu'il est nommé en 1869 professeur de philologie à l'université de Bâle en Suisse, alors qu'il n'a pas encore 25 ans ! Il y enseignera la philologie pendant dix ans, avant de démissionner, en partie pour des raisons de santé, mais aussi pour se consacrer à son œuvre personnelle.

Son travail à l'université de Bâle est assez bien connu aujourd'hui, grâce à la publication de ses notes de cours. Ses enseignements portent sur Homère, Platon, la rhétorique, la métrique, le rythme, la littérature grecque. La philologie, dit Nietzsche, est une école de bonne lecture : une lecture lente, patiente et surtout une lecture probe. La probité est la vertu du philologue : il ne faut pas mêler à l'interprétation du texte ses préjugés, ses habitudes ou ses préférences.

Nietzsche est un penseur atypique, au style controversé. En tant que philologue et universitaire, son approche n'était pas conventionnelle.

Nietzsche distingue en fait deux manières de faire de la philologie. Une manière étroite, pointilleuse, sans ampleur, qui, d'après lui, est celle de la plupart de ses collègues ; et une manière large, ouverte sur toutes les composantes de la littérature, les liens entre langage et affects, l'anthropologie. Cette seconde manière est celle de Nietzsche, et elle se manifestera avec éclat en 1872 à travers la publication de *La Naissance de la tragédie à partir de l'esprit de la musique.* Ce livre soulèvera beaucoup d'hostilité chez les philologues. Bien des thèmes du livre prennent à contre-pied la philologie universitaire. La distinction des pulsions dionysiaques et des pulsions apolliniennes, l'idée d'« esprit de la musique », très marquée en outre par la musique de Wagner dont Nietzsche était à l'époque l'ami, sont pour beaucoup de philologues des incongruités, si ce n'est des hérésies. Nietzsche, lui-même, dans son *Essai d'autocritique*, dit de cet ouvrage que c'est un livre « impossible », « lourd » et « mal écrit ».

Tirons jusqu'au bout le fil du paradoxe : à l'occasion de sa leçon inaugurale en 1869, Nietzsche déclare que : « ce qui était philologie est devenu philosophie », renversant ainsi délibérément une formule de Sénèque qui déplorait que la philosophie soit devenue philologie, au sens de simple amour des mots C'est une déclaration un peu étrange pour la prise de fonction d'un professeur de philologie. Dès le premier jour, Nietzsche voit dans la philologie un outil pour une philosophie future, un outil qu'il réforme, mais auquel il reste fidèle.

Pour aller plus loin :

Friedrich Nietzsche, *La Naissance de la tragédie*, in *Œuvres philosophiques complètes*, tome I, Paris, Gallimard, coll. « Folio », 1989.

Friedrich Nietzsche, *Aurore*, Avant-propos § 5 ; *Par-delà bien et mal* § 22 ; *L'Antéchrist* § 52, Giorgio Colli et Mazzino Montinari (dir.), Paris, Gallimard, 1989.

Friedrich Nietzsche, *Homère et la philologie classique* et *Encyclopédie de la philologie classique*, in *Écrits philologiques*, tome IV, Paris, Les Belles Lettres, 2022.

Patrick Wotling, *Nietzsche et le problème de la civilisation*, chap. I, « La philologie comme métaphore fondamentale », Paris, PUF, 2012.

Howard Becker, pianiste de jazz

Le sociologue états-unien Howard Becker (1928-2023) a aussi été pianiste de jazz et photographe, et même pianiste professionnel dans sa jeunesse. Cette expérience a profondément marqué sa pensée, qui met l'accent sur les interactions et les formes de coopération dans la vie sociale.

Ce n'est pas dans les amphis de l'université mais dans les bars et les fêtes qu'Howard Becker a commencé sa carrière. Il était pianiste de jazz et c'est « par accident », dit-il, qu'il s'engage dans des études de sociologie. Cet accident va le conduire, très jeune, à l'âge de 23 ans, à soutenir une thèse consacrée aux difficultés rencontrées par les institutrices de Chicago nommées dans des quartiers populaires.

Mais Howard Becker le musicien et Howard Becker le sociologue ne sont pas si scindés.

Le violon d'Ingres se mêle très souvent à la partition du sociologue. Becker sociologue enquête sur les musiciens de jazz avec qui il joue dans les bars. Il pratique ce que l'on appelle en sociologie la méthode par participation observante. Ce type de démarche concerne les situations dans lesquelles le chercheur est personnellement impliqué. Comme Becker le raconte en 1997, dans un entretien avec Sylvain Bourmeau et Jean-Philippe Heurtin, c'est à l'occasion de ses soirées musicales qu'il recueille les matériaux de sa recherche. Un trait marquant de sa méthode est qu'il ne pratique pas vraiment d'entretiens. Il observe et il écoute ce qui se dit pour ensuite rédiger des notes de terrain. Les questions qu'il pose portent essentiellement sur les aspects pratiques de la vie des *jazzmen*, notamment le caractère intermittent de leur travail : comment le batteur a-t-il décroché un engagement pour la soirée ? Le sax a-t-il déjà joué dans ce bar ? Voilà le type d'informations qui l'intéressent. Ces questions pratiques ne sont donc pas d'abord des questions de sociologue. Ce sont avant tout des questions de musiciens et d'artistes qui s'interrogent mutuellement, pour se donner des tuyaux, comme on dit. C'est donc encore en musicien que le sociologue pense et travaille.

Cette façon de faire de la recherche paraît improvisée. Le rapport entre sociologie et jazz est frappant.

La musique jazz se distingue par son articulation subtile entre standards connus de tous les musiciens et improvisation. On a effectivement le sentiment que les premières enquêtes sociologiques de Becker fonctionnent, par analogie, sur un modèle musical jazz. Une autre dimension confirme la porosité entre le style sociologique de Becker et son expérience de musicien : toute son œuvre est marquée par le rôle et l'importance de la collaboration et des interactions dans le champ des pratiques humaines. Cette dimension collective est particulièrement marquée dans la musique jazz telle que Becker la pratique. Un collectif jazz n'est pas constitué par des individus habitués à jouer ensemble, contrairement à un groupe de pop rock, tel que le groupe Oasis par exemple. Un collectif jazz rassemble des individus qui ne se connaissent pas et qui, le temps d'une soirée, forment un tout organique. Un répertoire partagé est indispensable. On n'improvise pas *ex nihilo* dans la mesure où, précisément, improviser ne s'improvise pas.

Une fois le concert terminé, le groupe est aussitôt dissous. Il nous faut ajouter que le groupe de musique ne se confond pas avec l'œuvre. Une œuvre musicale, comme toute œuvre artistique, ne peut se comprendre pleinement que dans son insertion dans un réseau d'interactions multiples qui impliquent aussi la manière dont l'œuvre est reçue par le public. La thèse est radicale. Comme l'affirme Becker dans son ouvrage *Les Mondes de l'art*, la conception individualiste du génie artistique relève d'un mythe et invisibilise celles et ceux qui, aussi, font vivre l'œuvre.

Tirons jusqu'au bout le fil du paradoxe : Howard Becker nous lègue une œuvre immense, mais cette œuvre n'est pas « la sienne ». Ses livres ne sont pas *ses* livres, mais le fruit de ses nombreuses rencontres. Sous sa signature est inscrit, quoique de manière invisible, l'ensemble des noms qui ont contribué à nourrir et à faire sa pensée. Au fond, la véritable leçon du sociologue est que le singulier est toujours pluriel.

Pour aller plus loin :

Howard Becker, *Les Mondes de l'art*, Paris, Flammarion, 1988.

Howard Becker, *La Bonne focale. De l'utilité des cas particuliers en sciences sociales*, Paris, La Découverte, 2016.

Sylvain Bourmeau et Jean-Philippe Heurtin, « La carrière déviante du professeur Becker. Entretien avec Howard Becker », *Politix*, vol. 10, n° 37, 1997, p. 155-166.

Jean-Louis Fabiani, « Howard S. Becker. Le sociologue et ses carrières », *Politika*, 2020 (en ligne).

Hypatie d'Alexandrie, astronome

Hypatie d'Alexandrie (vers 350-415) est une figure à la fois réelle et mythique de la philosophie antique. Astronome, mathématicienne, fidèle à la religion païenne dans une ville devenue largement chrétienne, cette philosophe néoplatonicienne est aussi connue pour avoir été assassinée par des moines fanatiques.

C'est à Alexandrie, vers l'an 350 de notre ère, qu'Hypatie est née. Elle n'est pas une philosophe très connue aujourd'hui dans la mesure où nous n'avons conservé aucun des textes qu'elle a écrits. Pourtant, il existe une « légende Hypatie », femme d'une très grande beauté et d'une intelligence exceptionnelle, philosophe néoplatonicienne et savante reconnue. Cette « légende Hypatie » est cimentée par un fait, malheureusement bien réel et bien établi : son assassinat par des moines fanatiques en 415. Les raisons de son assassinat demeurent obscures. Alexandrie, capitale de l'Égypte byzantine, ville culturelle et intellectuelle très bigarrée, est à l'époque déchirée par de nombreux conflits confessionnels et politiques. Hypatie peut donc avoir été assassinée parce qu'elle était païenne dans une ville devenue largement chrétienne, ou parce qu'elle jouissait d'une trop grande influence politique. Ou bien, *légende oblige*, pour d'autres raisons encore…

En revanche, ce que l'on sait d'Hypatie, c'est qu'elle se distingue par sa profonde sagesse. Elle pratique les mathématiques et l'astronomie. Elle collabore, entre autres, avec son père, le mathématicien Théon, dans la rédaction d'un de ses traités. Elle sait également construire des instruments scientifiques, notamment des astrolabes, ces objets qui permettent de calculer sa position géographique par rapport à celle des étoiles, et qui sont tout particulièrement utilisés par les marins. On sait aussi qu'elle enseigne la philosophie. Une lettre de son ancien élève Synésios nous apprend qu'elle porte « le grand manteau grec », de couleur blanche, propre aux philosophes. La fidélité de Synésios envers Hypatie est d'autant plus remarquable qu'elle est païenne et qu'il est devenu évêque.

Nous ne connaissons rien de sa philosophie personnelle. Il est impossible d'énoncer un concept ou une thèse qui serait propre à Hypatie.

Elle n'est pas seule dans ce cas : nous connaissons les noms de centaines de philosophes grecs dont toutes les œuvres ont été perdues, et sur lesquels nous ne disposons d'aucun témoignage. Hypatie est, à cet égard, moins mal lotie que beaucoup d'autres : les témoignages antiques la concernant sont riches. Depuis quelques décennies, les recherches sur Hypatie se multiplient et de nombreuses études ont paru, en anglais, en allemand, en italien, en français. Elles consistent à scruter au plus près les témoignages antiques, dont chaque mot compte. Mais les chercheurs sont souvent en désaccord. Certains pensent qu'elle était titulaire d'une véritable chaire universitaire, d'autres qu'elle enseignait la philosophie chez elle ou dans la rue. Concernant son activité scientifique, certains pensent qu'elle était principalement une commentatrice des traités de mathématiques et d'astronomie, d'autres soutiennent qu'elle a écrit une œuvre scientifique personnelle, malheureusement perdue.

Mais, *légende oblige*, là où le savoir fait défaut, l'imagination prospère. La figure d'Hypatie a nourri de très nombreuses œuvres artistiques, poésies, romans, peintures, sculptures, bande dessinée avec Hugo Pratt, cinéma avec le film *Agora* d'Alejandro Amenábar. Il semble même, c'est l'avis de la majorité des spécialistes, que la personne toute vêtue de blanc qu'on voit au Vatican sur la célèbre fresque de Raphaël appelée *L'École d'Athènes* représente Hypatie, car la philosophe d'Alexandrie était déjà célèbre à la Renaissance.

Tirons jusqu'au bout le fil du paradoxe : à défaut de pouvoir lire les écrits perdus d'Hypatie, il reste sa légende, ou plutôt ses légendes, que l'on peut réécrire à l'envi. Voltaire voit en elle une victime de la superstition. Dans un tout autre registre, le nom d'Hypatie est aujourd'hui utilisé par différentes revues féministes américaines qui voient en elle une sœur. D'autres enfin la considèrent comme la dernière philosophe païenne. La vérité est qu'Hypatie fut une grande dame de la science et de la philosophie antique, dont nous savons juste assez pour pouvoir l'imaginer selon nos désirs et pas assez pour savoir ce qu'elle a vraiment pensé.

Pour aller plus loin :

Synésios de Cyrène, *Correspondance*, Paris, Les Belles Lettres, 2000.

Henriette Harich-Schwarzbauer, « Hypatie d'Alexandrie », *Clio. Femmes, Genre, Histoire*, n° 35, 2012, p. 201-214 (en ligne).

Anne-Françoise Jaccottet, « Hypatie d'Alexandrie entre réalité historique et récupérations idéologiques : réflexions sur la place de l'Antiquité dans l'imaginaire moderne », *Études de lettres*, 1-2, 2010, p. 139-158 (en ligne).

Hugo Pratt, *La Fable de Venise*, Paris, Éditions Casterman, 1981.

David Hume, historien

Hume (1711-1776) est en général connu comme un philosophe professant un « scepticisme mitigé ». Mais, en Grande-Bretagne, il est tout autant, sinon davantage, connu comme historien, auteur d'une monumentale Histoire d'Angleterre *en six tomes.*

Après la rédaction de son *Traité de la nature humaine* et de différents recueils d'essais, Hume devient historien, et l'on peut même aller jusqu'à dire que, si Hume est philosophe, il est surtout historien ! Sa monumentale *Histoire d'Angleterre* a connu au XVIIIe siècle un immense succès non seulement en Grande-Bretagne, mais dans toute l'Europe. En 1764, Voltaire déclare qu'il s'agit de « la meilleure histoire qui soit écrite peut-être en aucune langue », et, en 1766, Hume rencontre à

Versailles le futur roi Louis XVI, qui le félicite. On sait que Louis XVI relisait l'*Histoire d'Angleterre* de Hume durant son emprisonnement au Temple.

Hume historien est un novateur. Les histoires antérieures à celle de Hume étaient le plus souvent politiques ou religieuses. Religieuses, quand elles voulaient voir dans l'histoire humaine l'action de la Providence ; politiques, quand elles se mettaient au service des prétentions dynastiques ou territoriales d'un prince ou d'un roi. Mais Hume rejette ces deux modèles. Il écrit une histoire neutre, impartiale et modérée. Dans son autobiographie, Hume raconte que son *Histoire d'Angleterre* a suscité aussi bien l'hostilité des *tories*, conservateurs partisans des « prérogatives royales », que celle des *whigs*, libéraux attachés à limiter les pouvoirs du roi et à étendre ceux du Parlement. Hume mécontente les deux partis, par exemple quand il écrit : « Il est certain que, si nous remontons à la première origine de chaque nation, nous trouverons qu'il est rare de rencontrer une race de rois ou une forme de république qui ne se fonde pas primitivement sur l'usurpation et sur la rébellion[1]. »

Le philosophe Hume est un sceptique, qui ne croit pas qu'on puisse atteindre une vérité incontestable, sauf en mathématiques. Cette conception de l'expérience humaine traduit l'originalité de son travail d'historien.

Dans sa philosophie, Hume distingue les relations d'idées et les relations de fait. Les relations d'idées, comme les mathématiques, nous présentent des vérités certaines et absolues. En revanche, dans le domaine de l'expérience, il n'y a aucune certitude logique qui puisse garantir la vérité d'un fait. C'est ce qui fait dire à Hume, par exemple, qu'il n'y a pas de contradiction logique à affirmer que « le soleil ne se lèvera pas demain ». Mais notre absence de certitude absolue quant aux phénomènes

1. David Hume, *Traité de la nature humaine*, vol. 3, « La morale », partie II, « De la justice et de l'injustice », section 10, « Des objets de l'allégeance », trad. par Philippe Saltel, Paris, Flammarion, 1993.

qui relèvent de l'expérience ne concerne pas seulement les faits à venir. Cette absence de certitude s'applique aussi aux faits passés. Par définition, l'histoire nous présente des relations de fait, qui sont le tissu de l'expérience humaine. L'historien doit décrire ces relations de manière impartiale et confronter les différents points de vue. Il propose ensuite des explications vraisemblables et non des vérités certaines et absolues. Mais cette étude nous permet, selon Hume, d'étendre notre expérience et notre connaissance de la nature humaine. Certes, l'histoire présente un chaos de conflits et de passions comme « l'ambition, l'avarice et la vanité », mais on peut en dégager certains principes et une relative stabilité. C'est pourquoi, comme il l'écrit : « On peut dire qu'un homme qui fréquente l'histoire a vécu depuis l'origine du monde[1]. »

Tirons jusqu'au bout le fil du paradoxe : Hume philosophe et Hume historien sont

1. David Hume, « De l'étude de l'histoire », in *Essais moraux, politiques et littéraires*, trad. par Jean-Pierre Jackson, Paris, Alive, 1999, p. 337.

d'accord pour dire que l'histoire humaine est à la fois violente et pacificatrice. Violente, parce que « les changements [...] s'accompagnent inévitablement de sang et de confusion quand le public y est intéressé[1] ». Mais pacificatrice, parce que l'histoire réelle crée de la légitimité : une usurpation qui dure depuis soixante ans, dit-il en gros, finit par être acceptée, parce que les nouvelles générations n'ont pas connu la situation antérieure. La pensée historique de Hume est donc condamnée à déplaire et à plaire alternativement à tous les partis.

Pour aller plus loin :

Claude Gautier, *Hume et les savoirs de l'histoire*, Paris, PUF, 2005.

David Hume, *Histoire d'Angleterre depuis l'invasion de Jules César jusqu'à la révolution de 1688* [1754-1762], trad. par Jean-Baptiste-Denis Deprès, Paris, Janet et Cotelle, dix volumes, 1819-1822.

1. *Ibid.*

David Hume, *De l'étude de l'histoire* et *Ma vie*, in *Essais et traités sur plusieurs sujets*, tome I, *Essais moraux, politiques et littéraires* (première partie), Paris, Vrin, 1999.

Éléonore Le Jallé, « Enthousiasme et superstition à partir de l'*Histoire d'Angleterre* de Hume », *Revue de métaphysique et de morale*, n° 59, 2008/3, p. 351-363.

René Descartes, anatomiste

Descartes (1596-1650) est un savant expérimentateur non seulement en physique, mais également dans l'étude des phénomènes de la vie. Pratiquant la dissection, et même la vivisection, Descartes est un anatomiste.

De Descartes, nous connaissons le philosophe, le métaphysicien et le savant. Sa théorie physiologique des animaux-machines est célèbre dès le XVIIe siècle : les corps des animaux, comme celui des êtres humains, seraient des machines extrêmement complexes, conçues et construites par Dieu. La cinquième partie du *Discours de la méthode* explique en 1637 le fonctionnement du cœur selon ce principe : peu après le médecin anglais William Harvey, Descartes fait la démonstration de la circulation du sang. « La dilatation du sang que cause cette chaleur [du cœur] est le premier et principal ressort de toute notre machine[1] », écrit Descartes.

Les analyses et les théories physiologistes de Descartes sont d'abord fondées sur des observations. Quand il réside à Amsterdam, Descartes vit près de la Kalverstraat, littéralement, la rue des Veaux, qui compte alors, comme son nom le suggère, de nombreuses boucheries. Il peut ainsi observer de près les organes des animaux. Au moment de commencer son explication du fonctionnement du cœur dans le *Discours de la méthode*, Descartes demande d'ailleurs à ses lecteurs « de faire couper devant eux le cœur de quelque grand animal qui ait des poumons[2] ». Je ne sais pas si beaucoup de lecteurs actuels du *Discours de la méthode* obéissent à cette prescription…

Jusqu'à présent Descartes écrit en physiologue, non en anatomiste. Claude Bernard disait

---

1. René Descartes, *Description du corps humain*, in *Œuvres*, tome XI, Charles Adam et Paul Tannery (dir.), Paris, Vrin, 1974, p. 228.

2. René Descartes, *Discours de la méthode*, in *Œuvres complètes*, tome III, Paris, Gallimard, 2009, p. 112.

au XIXe siècle : « L'anatomiste dissèque, le physiologue analyse[1]. » Descartes ne se contente pas d'observer les découpes des bouchers, il les effectue lui-même. Dans sa correspondance, il indique à plusieurs reprises qu'il a disséqué différents types d'animaux : notamment des poissons, des lapins, des bœufs ou des anguilles. Il décrit la dissection qu'il a faite de l'œil d'un vieux bœuf dans une lettre au savant Marin Mersenne du 31 mars 1638 ou celle d'un lapin vivant dans une lettre au médecin Plempius du 15 février de la même année.

Il faut donc imaginer Descartes, une lancette à la main, se livrant à ce genre d'expériences sur des animaux.

La description d'une vivisection à l'aide d'une lancette est à la fois très instructive et, disons-le, quelque peu dérangeante pour la sensibilité contemporaine. Mais Descartes n'est pas un philosophe qui serait uniquement préoccupé de l'existence de Dieu ou des règles

1. Claude Bernard, *Principes de médecine expérimentale*, Paris, Masson et Cie/PUF, 1962, p. 209.

pour la direction de l'esprit. Il est et se veut avant tout un savant, soucieux de la confirmation expérimentale de ses théories scientifiques. Il écrit dans la même lettre à Plempius « qu'on ne peut imaginer d'opinion contraire à la mienne qui ne soit renversée par quelques expériences très certaines[1] ». Cette déclaration peut paraître présomptueuse, mais il faut rappeler que Descartes sollicite les objections des savants, et qu'il y répond toujours. Plus fondamentalement encore, les expérimentations cartésiennes ont une finalité plus haute que la seule connaissance : elles doivent fonder la médecine et la morale, qui sont pour Descartes les fruits les plus précieux de l'arbre de la philosophie. Nous sommes aujourd'hui particulièrement sensibles à la condition animale, et fort heureusement, mais, du vivant même de Descartes, on a pu lui reprocher ses expérimentations ; en témoigne la manière dont il défend sa pratique de l'anatomie dans une lettre à Mersenne : « Ce n'est pas un crime d'être curieux de l'anato-

1. René Descartes, « Lettre à Vopiscus Plempius du 15 février 1638 », *Correspondance*, vol. 2, *Œuvres complètes VIII*, Paris, Gallimard, coll. « Tel », 2013, p. 411.

mie[1] », lui écrit-il. Le corps humain est tout autant une machine que le corps animal, et l'anatomie des animaux, et principalement des mammifères, permet indirectement de fonder la médecine et la morale.

Tirons jusqu'au bout le fil du paradoxe : il n'y a pas deux Descartes, un métaphysicien de l'intériorité pour lequel l'âme a la seule fonction de penser, le fameux *cogito sum*, et un anatomiste de l'extériorité qui traque les mouvements du corps au bout de son scalpel. En réalité, ces deux Descartes ne sont pas plus séparés ou opposés que ne le sont l'âme et le corps dans la philosophie cartésienne.

Pour aller plus loin :

Annie Bietbol-Hespériès, *Le Principe de vie chez Descartes*, Paris, Vrin, 1990.

1. René Descartes, « Lettre à Marin Mersenne du 13 novembre 1639 », *Correspondance*, vol. 1, *Œuvres complètes VIII*, Paris, Gallimard, coll. « Tel », 2013, p. 351.

Annie Bietbol-Hespériès, « De Vésale à Descartes : le cœur, la vie », *Histoire des sciences médicales*, tome XLVIII, n° 4, 2014 (texte en ligne).

René Descartes, *Œuvres complètes III*, *Discours de la méthode et Essais*, Paris, Gallimard, coll. « Tel », 2009.

René Descartes, *Œuvres complètes VIII*, *Correspondance*, vol. 1 et 2, Paris, Gallimard, coll. « Tel », 2013.

Simone Weil, ouvrière

Brillante intellectuelle, morte à 34 ans, Simone Weil (1909-1943) mène plusieurs vies dans sa brève existence : professeure de philosophie, ouvrière, combattante durant la guerre d'Espagne, militante de la France libre. Dans tous ces combats, elle cherche « le puissant sentiment de la vie collective ».

Simone Weil est connue pour avoir été ouvrière, après avoir quitté son poste de professeure de philosophie. Son parcours est très atypique. Née en 1909 et morte très jeune à l'âge de 34 ans d'une tuberculose, elle aura, pour ainsi dire, mené plusieurs vies.

Élevée dans une famille bourgeoise, Simone Weil poursuit de brillantes études avant d'enseigner la philosophie au Puy-en-Velay. Au cours de l'hiver 1931-1932, elle rejoint le mouvement de grève des syndicats ouvriers pour lutter contre le chômage et revendiquer la hausse des salaires. À cette époque, la France connaît une grave crise économique, consécutive au krach boursier de 1929 aux États-Unis : la France est alors plongée dans ce qu'on appelle la « Grande Dépression ».

Le soutien de la philosophe n'est pas uniquement moral et intellectuel. Il est aussi matériel. Elle consacre une large partie de son salaire aux caisses de solidarité des grévistes, ne conservant pour elle que 5 francs par jour pour vivre, soit l'équivalent de l'allocation touchée par les chômeurs du Puy. Ce qui est frappant, c'est qu'elle découvre d'abord son métier d'ouvrière en dehors de l'usine. D'une part, c'est à l'occasion d'une grève, c'est-à-dire à un moment où, précisément, le travail est mis en suspens, qu'elle s'y engage. D'autre part, elle appréhende la vie des ouvriers en faisant le choix de vivre avec les mêmes ressources que celles dont ils disposent. Weil a commencé par faire l'épreuve des conditions de vie matérielles des ouvriers avant de faire l'expérience du travail ouvrier à proprement parler. Pour ainsi dire, elle anticipe le mouvement dit « des établis »[1], initié par certains intellectuels et militants maoïstes à partir de 1967, qui a conduit de nombreux étudiants à aller travailler à l'usine pour mieux comprendre la condition ouvrière et pour peser dans les luttes syndicales.

Ce que Simone Weil découvre à l'usine, ce n'est pas l'élan collectif des mouvements de grève, c'est la solitude et la souffrance des ouvriers et ouvrières dans les ateliers.

Il existe un hiatus entre la solidarité qui naît au sein des luttes et la réalité quotidienne du travail à l'usine. Sa carrière d'ouvrière est assez brève – elle s'étend de l'année 1934 à l'année 1935 – mais assez intense pour qu'elle puisse la comprendre intimement. Elle est successivement manœuvre chez Alsthom dans l'usine Lecourbe, ouvrière de l'industrie sidérurgique dans l'usine Carnaud Basse-Indre de Boulogne, avant de connaître le chômage. Enfin, elle intègre l'usine Renault comme fraiseuse où elle exercera de

1. Je remercie Léa Souquet-Basiège de m'avoir suggéré ce rapprochement.

juin à août 1935. Son expérience à l'usine est donc multiple et donne à ses analyses une évidente ampleur de vue quant à la nature de la « condition ouvrière » ; condition dont elle prend soin de rappeler qu'elle est changeante selon les temps et les lieux. Dans un texte rédigé entre 1936 et 1941, intitulé « Expérience de la vie d'usine » – texte qui paraîtra en 1942 dans la revue *Économie et humanisme* –, Simone Weil revient sur son expérience. Aux antipodes d'un certain discours convenu que l'on peut parfois entendre sur la vie en usine, Simone Weil décrit l'avilissement des ouvriers et ouvrières écrasés par le poids des machines, la cadence et l'autorité abusive des petits chefs qui exercent une pression permanente. « L'usine pourrait combler l'âme par le puissant sentiment de vie collective », écrit-elle, avant de conclure non sans fatalité : « Si c'était cela, la vie d'usine, ce serait trop beau, mais ce n'est pas cela[1]. »

Tirons jusqu'au bout le fil du paradoxe : celle que l'on appelait la « vierge rouge » en

1. Simone Weil, « Expérience de la vie d'usine », in *Œuvres*, Paris, Payot & Rivages, 2023, p. 304-305.

raison de son double engagement militant et religieux a fait le choix de quitter le confort de sa salle de classe pour la dureté des ateliers d'usine. Ce n'est pas un déclassement puisque c'est un choix. Son parcours fait plutôt d'elle ce qu'il conviendrait d'appeler, avec les mots d'aujourd'hui, une « transclasse inversée ». Pour atteindre la grâce d'une vie humaine authentique, « l'établie » avant l'heure fait le choix radical de la pesanteur, en vivant non seulement auprès des plus mal lotis, mais aussi et surtout, comme eux.

Pour aller plus loin :

Joël Janiaud, *Simone Weil. L'attention et l'action*, Paris, PUF, 2002.

Simone Pétrement, *La Vie de Simone Weil*, Paris, Fayard, 1973.

Simone Weil, *La Pesanteur et la Grâce*, Paris, Pocket, 1991.

Simone Weil, *La Condition ouvrière*, Paris, Flammarion, coll. « GF », 2022.

Index chronologique des philosophes

Diogène le Cynique (vers 413 av. J.-C.-vers 323 av. J.-C.)

Cicéron (106 av. J.-C.-43 av. J.-C.)

Sénèque (vers l'an 4 av. J.-C.-65 apr. J.-C.)

Plutarque (46-125 apr. J.-C.)

Épictète (50-125 apr. J.-C.)

Marc Aurèle (121-180 apr. J.-C.)

Hypatie d'Alexandrie (vers 350-415)

Michel de Montaigne (1533-1592)

Marie de Gournay (1565-1645)

Thomas Hobbes (1588-1679)

René Descartes (1596-1650)

Élisabeth de Bohême (1618-1680)

Blaise Pascal (1623-1662)

Baruch Spinoza (1632-1677)
Gottfried Wilhelm Leibniz (1646-1716)
Jean Meslier (1664-1729)
Charles Louis de Montesquieu (1689-1755)
Émilie du Châtelet (1706-1749)
David Hume (1711-1776)
Jean-Jacques Rousseau (1712-1778)
Denis Diderot (1713-1784)
Claude Adrien Helvétius (1715-1771)
Søren Kierkegaard (1813-1855)
Élisée Reclus (1830-1905)
Friedrich Nietzsche (1844-1900)
Henri Bergson (1859-1941)
Gaston Bachelard (1884-1962)
Hannah Arendt (1906-1975)
Claude Lévi-Strauss (1908-2009)
Simone Weil (1909-1943)
Dina Dreyfus (1911-1999)
Cornelius Castoriadis (1922-1997)
Arthur Danto (1924-2013)
Howard Becker (1928-2023)

INDEX CHRONOLOGIQUE DES PHILOSOPHES

Barbara Cassin (née en 1947)

Bernard Stiegler (1952-2020)

Dominique Méda (née en 1962)

Matthew Crawford (né en 1965)

Yves Cusset (né en 1972)

Agnès Gayraud (née en 1979)

Guillaume Martin (né en 1993)

Table des matières

Composition et mise en pages
Nord Compo à Villeneuve-d'Ascq

Achevé d'imprimer en mai 2024
sur Roto-Page par l'Imprimerie Floch à Mayenne
pour le compte des Éditions Fayard
13, rue du Montparnasse 75006 Paris

PAPIER À BASE DE
FIBRES CERTIFIÉES

Fayard s'engage pour
l'environnement en réduisant
l'empreinte carbone de ses livres.
Celle de cet exemplaire est de :
500 g éq. CO_2
Rendez-vous sur
www.fayard-durable.fr

N° d'éditeur : 76.3721.4/01
N° d'imprimeur : 104920
Dépôt légal : mai 2024
Imprimé en France